Bücher für Gartenfreunde

W0094504

Karl-Heinz Vanicek
Veredeln
der Gehölze

Mit 41 Abbildungen

**VEB Deutscher
Landwirtschaftsverlag
Berlin**

Bildnachweis:
Die Zeichnungen fertigte
nach Vorlagen des Verfassers
Horst Wende, Berlin, an

1. Auflage
© 1990 VEB Deutscher Landwirtschaftsverlag
DDR – 1040 Berlin, Reinhardtstr. 14
Lizenznummer 101-175/511/90
LSV 4359
Printed in the GDR
Lektor: Diplomgärtner Karin Rohloff
Umschlaggestaltung: Rudolf Wendt/Horst Wende
Gesamtherstellung: GGV Dresden
Bestellnummer: 559 679 2

ISBN 3-331-00463-4

00300

Vorwort

Das Veredeln spielt im Obst- und Gartenbau eine hervorragende Rolle. Die Anzucht unserer Obstbäume ist ohne Veredlung zur Zeit schlechterdings undenkbar. Im praktischen Obstbau dienen Veredlungsverfahren dazu, unbefriedigende Sorten umzupfropfen sowie Mängel und Schäden auf operativem Wege zu beheben. Aus diesem Grunde wird der »Kunst des Veredelns« sowohl in Fachkreisen als auch in den Kreisen der Gartenfreunde ein ständiges Interesse entgegengebracht.

Unter den verschiedenen gärtnerischen Verrichtungen erfordert das Veredeln zweifellos mit die meisten Handfertigkeiten. Nur bei genauer, sauberer und schneller Ausführung ist es erfolgreich. Darum bemühte ich mich, vor allem die Technik des Veredlungsvorgangs darzustellen. Die textliche Erläuterung allein genügte dazu jedoch nicht, es erwies sich als notwendig, eine größere Anzahl instruktiver Abbildungen beizufügen.

Die Aufnahme der Schrift in die Reihe »Bücher für den Gartenfreund« machte es erforderlich, gegenüber den vorangegangenen Ausgaben (1. Auflage 1958, 4. Auflage 1968) die Ausführungen vor allem in den Teilen zu kürzen, die sich speziell auf die Anwendung in der Baumschule beziehen.

Karl-Heinz Vanicek

Inhaltsverzeichnis

Was ist die Veredlung?

Als »Veredlung« bezeichnet man die mechanische Vereinigung eines Triebstückes, des Edelreises, oder eines Edelauges, mit einer geeigneten Unterlage, die so erfolgt, daß beide Teile miteinander verwachsen können und eine künstliche Lebensgemeinschaft bilden. Während die Veredlungsunterlage mit ihrem Wurzelwerk die Nährstoffaufnahme und die Verankerung im Boden besorgt, übernimmt das Edelreis mit seinem Blattwerk die Photosynthese.

Der Ausdruck »Veredlung« ist nicht in jedem Fall wörtlich zu nehmen. Die Veredlungsunterlage braucht so z. B. nicht weniger »edel« oder kultiviert zu sein als das Reis. Der Ausdruck wurde gewählt, weil ursprünglich mit Hilfe des Veredlungsvorganges aus einem wilden, für den Menschen wenig nützlichen Gehölz ein edler, wohlschmeckende Früchte oder schöne Blüten tragender Baum oder Strauch geschaffen wurde.

Heute dienen als Unterlage zahlreicher Obstgehölze keine Wildlinge, d. h. Wildformen, mehr. Man verwendet Kultursorten bzw. Kulturformen, die zwar nicht für den menschlichen Genuß, aber auf Grund besonderer Eigenschaften als Veredlungsunterlage besonders wertvoll sind. Auch bei vielen Ziergehölzen ist es ähnlich, so daß der lange Zeit für Unterlagen gebräuchliche Ausdruck »Wildling« heute nicht mehr gerechtfertigt ist.

Außer vom »Veredeln« wird häufig vom »Pfropfen« gesprochen. Diese Bezeichnung bezieht sich auf die technische Handhabung, während »Veredeln« das Ziel der Maßnahme ausdrückt. Gewöhnlich werden nur Reiserveredlungen als Pfropfungen bezeichnet, nicht dagegen Okulationen.

Der Zweck der Veredlung

Die Veredlungsverfahren dienen zur Vermehrung solcher Sorten von Obst- und Ziergehölzen, die sich auf andere Weise nicht oder nur mit großen Schwierigkeiten vermehren lassen. Ferner sind sie von Bedeutung beim Umpfropfen von Obstbäumen, welche an ihrem Standort nicht gedeihen oder nicht genügend Ertrag bringen. Zudem bietet die Veredlung die Möglichkeit, mit Hilfe bestimmter Unterlagen die Anbaubreite des betreffenden Gehölzes zu vergrößern sowie seine Wuchsstärke und seine Eigenschaften den wirtschaftlichen oder räumlichen Verhältnissen des Standortes anzupassen. Bei einigen Obst- und Ziergehölzen erreicht man durch Veredlung auf geeignete Unterlagen hochstämmige Formen, die aus wirtschaftlichen oder ästhetischen Gründen erwünscht sind, z. B. hochstämmige Rosen oder Beerensträucher. Außerdem benutzt man im praktischen Obstbau die Pfropfverfahren, um Stamm- oder Astwunden zu überbrücken und wurzelgeschädigten Bäumen einen Vorspann zu geben.

Die größte Bedeutung hat das Veredeln für die Gehölzvermehrung in der Baumschule. Zahlreiche Obst- und Ziergehölzsorten sind Nachkommen einer einzigen Pflanze (Klon). Ihre Sorteneigenschaften lassen sich nur durch ungeschlechtliche Vermehrung echt erhalten und gehen bei geschlechtlicher Vermehrung, also durch Samen, verloren. Die Veredlungsverfahren als Verfahren der ungeschlechtlichen Vermehrung[1] kommen für alle diejenigen Gehölzarten und -sorten in Frage,

– deren Triebe sich nicht oder nur schwer bewurzeln,
– die durch andere Vermehrungsverfahren nicht gleich schnell, sicher und erfolgreich vermehrt werden können, z. B. Rosen,
– bei denen, wie bei Obst, auf die spezielle Unterlagenwirkung Wert gelegt wird
– oder deren Selbstbewurzlung, z. B. aus Pflanzenschutzgründen, nicht erwünscht ist, wie bei der Weinrebe in reblausgefährdeten Gebieten.

---

1 xenovegetativ = durch Veredlung
  autovegetativ = durch Selbstbewurzelung

Voraussetzungen
einer erfolgreichen Veredlung

Beim Veredeln macht sich der Mensch die Eigenschaft der Pflanzen zunutze, Wunden mit einem Wundgewebe zu überziehen und zu schließen. Die Schnitt- und Schälstellen, die an Unterlage und Edelreis zum Zweck der Vereinigung angebracht werden, sind schließlich auch nichts anderes als Wunden. Hier kommt es allerdings nicht nur darauf an, daß die entstandenen Wunden geschlossen werden, sondern daß die Wundgewebe von Unterlage und Edelreis miteinander verwachsen und dadurch eine enge Verbindung zwischen beiden Teilen herstellen.

Anatomische und physiologische Vorbedingungen

Um den Verwachsungsprozeß richtig verstehen zu können und zu wissen, worauf es bei der technischen Ausführung der Veredlung ankommt, sei im folgenden kurz der innere Bau der Gehölze dargestellt.
Schneidet man den einjährigen, verholzten Trieb, z. B. eines Obstbaumes, quer durch, so erkennt man mit bloßem Auge ring- bzw. mantelförmig angeordnete Schichten.

Das Mark

Es bildet den Mittelpunkt des Triebs und besteht aus Grundgewebe (Parenchymgewebe). In ihm werden Reservestoffe gespeichert. Vom Mark gehen strahlenförmige Quergänge aus, die Markstrahlen. Sie durchziehen den Holzteil bis zur Rinde des Triebes und verbinden die ein-

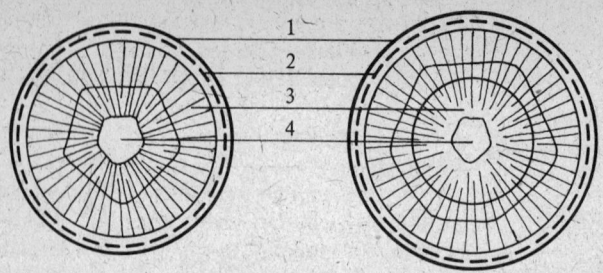

Abb. 1 Querschnitte durch ein- und zweijähriges Holz
1 Oberhaut bzw. Korkrinde;
2 Rinde mit Bast;
3 Holzkörper mit Frühholz innen und Spätholz außen;
4 Mark.
Die radial verlaufenden Linien sind Markstrahlen.
Der zweijährige Zweig rechts verfügt über
zwei Jahrringe

zelnen Gewebeschichten miteinander. Ihre luftführenden Gewebegänge enden in den Lentizellen der grau-weißen Korkwarzen auf der Oberfläche der Triebe.

Das Holz

Es ist ein dichter, verhältnismäßig feinzelliger, gelblich oder grünlich gefärbter Körper, in dem der Saftstrom von den Wurzeln aufwärts in die Krone steigt. Es besteht im wesentlichen aus Leit- und Festigungsgewebe und in geringem Maße aus Grundgewebe. Beim Durchschneiden stellt man fest, daß das Holz wesentlich härter ist als die nachfolgend beschriebene Rinde, die sich bereits mit dem Fingernagel eindrücken läßt.

Die Rinde

Sie ist nach außen durch eine verhältnismäßig dünne Korkschicht geschützt, welche noch ganz oder zum Teil mit der ursprünglichen Oberhaut bedeckt ist. Die Korkschicht gibt dem Trieb die charakteristische, sorteneigentümliche Färbung. Es folgt nach innen zu die eigentliche

Rinde, sie ist intensiv grün gefärbt. Ihr schließt sich eine grobfaserige, mehr gelbliche Schicht, der Bast[1], an, in dem der Saftstrom von den Blättern abwärts fließt.

Das Kambium

Dies ist eine feine, wenigzellige, im Querschnitt dunkelglasig erscheinende Schicht zwischen Holz und Rinde bzw. Holz und Bast. Mit bloßem Auge ist sie nur während des Wachstums zu erkennen. Ruhendes Kambium ist nicht sichtbar. Das Kambium besteht aus Bildungsgewebe, d. h., Kambium ist dauernd teilungsfähiges Ge-

1 Rinde und Bastteil werden gemeinsam beschrieben, da sie mehr oder weniger fest aneinander haften und sich bei Veredlungsvorgängen während der Vegetationszeit gewöhnlich gemeinsam vom Holzkörper lösen und deshalb vom Praktiker auch als Rinde bezeichnet werden: Rindenveredlung, Rindenlappen usw.

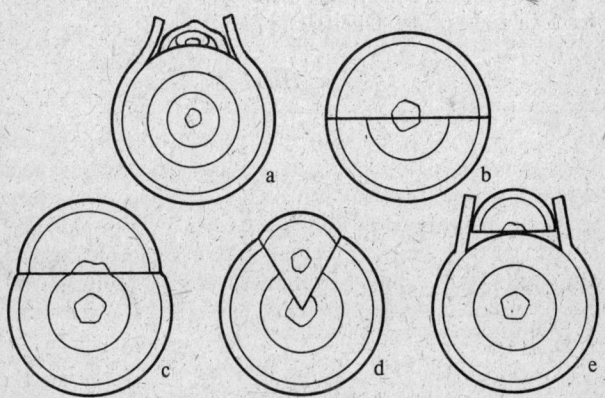

Abb. 2 Querschnitte durch verschiedene Veredlungen
(schematisch)
Zu erkennen sind die Berührungsflächen von Unterlage und Edelreis;
Schnitt jeweils durch die Mitte der Veredlung.
a Okulation; b Kopulation; c Anschäftung;
d Geißfußveredlung; e Rindenpfropfung

15

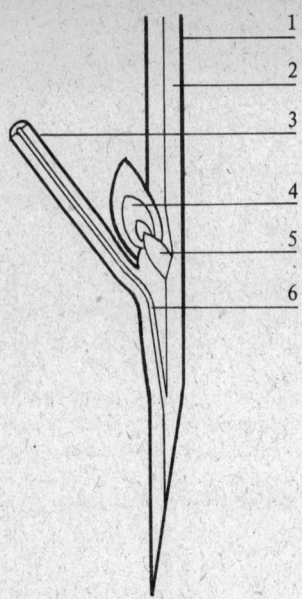

Abb. 3 Längsschnitt durch ein Edelauge
1 Rinde mit Bast; 2 Holz; 3 Blattstiel; 4 Auge;
5 Markbrücke (Augenkern); 6 Gefäßbündelstrang

webe. Aus ihm können sich alle übrigen Gewebeformen bilden. Von ihm gehen sowohl das Dickenwachstum als auch die Bildung von Wundgewebe aus. Während der Frühjahrs- und zum Teil während der Sommermonate ist es in ständiger Teilung begriffen. Dabei werden nach innen Holzzellen und nach außen Bastzellen abgesondert. Diese Zellbildung geht nicht gleichmäßig vonstatten. Es sind gewöhnlich zwei Wachstumswellen festzustellen. Die erste dauert von März bis Mai, dann tritt eine mehrwöchige Pause ein, und von Juni bis August folgt die zweite. Das Wachstum des Kambiums ist daran zu erkennen, daß sich die Rinde leicht vom Holz lösen läßt. Die reichlich gebildeten jungen Zellen lassen sich ohne Anstrengung auseinanderreißen. Sie trennen sich im Holzteil, so daß sich das Kambium danach an der gelösten

Rinde befindet. Dennoch verbleiben auch am Holzteil noch teilungsfähige Zellschichten, von denen aus die Bildung von Wundgewebe und eines neuen Kambiums möglich ist.

Die Oberfläche der freigelegten Schichten erscheint feucht und fühlt sich schleimig an. Wird einer Pflanze eine Wunde zugefügt, und dabei wird gewöhnlich auch Kambium freigelegt, so bilden sich früher oder später an dieser Stelle verstärkt neue Zellen. Es entsteht Wundgewebe (Kallus). In der Wachstumszeit setzt diese Zellbildung unmittelbar nach der Verletzung ein. Der Fortgang der Verheilung richtet sich aber auch nach der Witterung. Wärme und Feuchtigkeit begünstigen sie, Kälte und Trockenheit behindern sie. Während der Wachstumsruhe ruht auch der Verheilungsvorgang.

Die Schnitt- und Schälwunden, die der Pflanze beim Veredeln beigebracht werden, versucht sie auf die gleiche Weise zu schließen. Dieser Prozeß geht besonders von der Unterlage, aber auch vom Edelreis aus vonstatten. An ihm nehmen nicht nur das eigentliche Kambium teil, sondern auch die jüngsten Zellagen des Holz- und Rindenteils. Da die Schnitt- bzw. Veredlungswunden beider

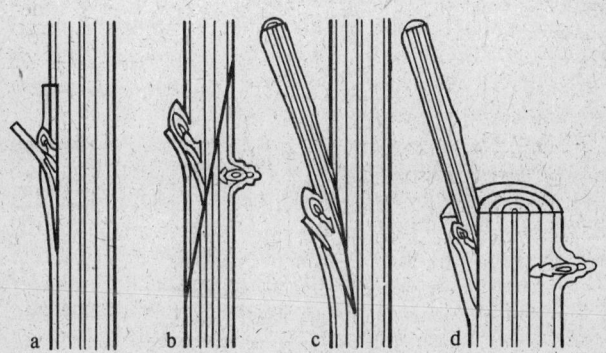

Abb. 4 Längsschnitt durch verschiedene Veredlungen
(schematisch)
a Okulation; b Kopulation; c Seitliches Einspitzen;
d Rindenpfropfung

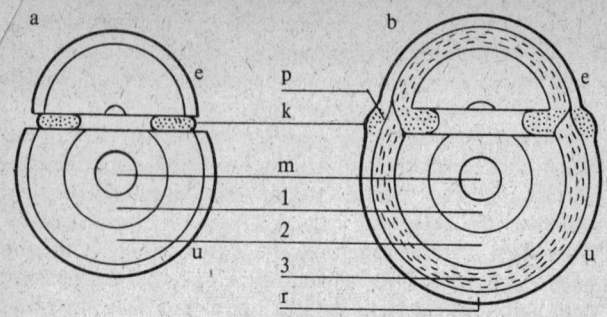

Abb. 5 Verwachsungsvorgang (schematisch), dargestellt
an der Anschäftung

a zu Beginn der Vegetation; b kurz vor völliger Verwachsung

e = Reis	r = Rinde
u = Unterlage	m = Mark
1–3 = Jahrringe	k = Kittgewebe
3 = 1. Jahrring	p = Parenchym- und
im Veredlungsjahr	Kambiumbrücke

Teile aufeinanderliegen, wachsen die beiderseitigen
Wundgewebe aufeinander zu und vereinigen sich. Damit
ist die Verwachsung eingeleitet. Als nächstes bildet sich
im Kallus ein festeres Kittgewebe, welches in die Spalten
zwischen Unterlage und Reis eindringt und die erste feste
Verbindung zwischen beiden Teilen herstellt. Nunmehr
kann der Stoffwechsel zwischen Unterlage und Edelreis
beginnen. – An dieser Stelle ist allerdings zu bemerken,
daß die Verwachsung nur möglich und von Dauer ist,
wenn die Veredlungspartner im inneren Bau, in den
Wachstumseigenschaften und im Stoffwechsel in gewis-
sem Maße übereinstimmen. Hierüber wird im folgenden
Abschnitt mehr ausgeführt. – Im weiteren Verlauf diffe-
renzieren sich im Wundgewebe Leitgewebe und ein
neues Kambium, so daß das Edelreis gänzlich mit der
Unterlage verbunden ist, ausreichend mit Nährstoffen
versorgt wird und seinerseits der Unterlage Assimilate zuführen kann.

Abgesehen von den äußeren Bedingungen, wie Klima
und Vegetationszustand, werden Unterlage und Edelreis
um so schneller miteinander verwachsen, je enger die

Schnittflächen (insbesondere die Kambiumschichten) sich berühren, je größer die sich berührenden Schnitt- und Schälflächen sind (soweit technisch möglich) und je vollständiger sie sich decken.

Die günstigste Verbindung der Kambiumschichten wird beim Okulieren erreicht, wo sie unmittelbar aufeinander-liegen und nur mitunter durch einen dünnen Holzspan getrennt sind. Da sich jedoch ringsherum wachstumsfä-hige Schichten befinden, geht das Verwachsen ungehin-dert vonstatten. Schwieriger ist es bei Kopulationen und ähnlichen Reiserveredlungsarten. Hier müssen die Schnittflächen völlig glatt sein und gut aufeinanderpas-sen. Die hierfür notwendigen Handfertigkeiten können nur durch ständiges Üben erworben werden. Am unzu-länglichsten ist die Verbindung der Kambiumschichten beim Rindenpfropfen, vom Tittelpfropfen abgesehen. Dies wird von dem stürmischen Wachstum im Mai und der damit verbundenen intensiven Bildung von Wundge-webe jedoch ausgeglichen.

Die Lebensgemeinschaft zwischen Unterlage und Edelreis

Ein veredeltes Gehölz besteht gewöhnlich aus zwei Tei-len: der Unterlage und dem Edelreis. Oftmals ist noch eine Zwischenveredlung oder ein Stammbildner dazwi-schengeschaltet. Ein veredeltes Gehölz ist also demzu-folge eine Kombination von wenigstens zwei verschiede-nen Pflanzen.

Bei einer aus Samen entstandenen oder vegetativ ver-mehrten wurzelechten Pflanze ist der Stoffaustausch zwi-schen Wurzel und Laubkrone gewöhnlich ausgeglichen und durch nichts behindert (Ausnahme: triploide Pflan-zen). Die Nährstoff- und Wasseraufnahme aus dem Bo-den, die Kohlenstoffassimilation aus der Luft, und die Versorgung aller Teile der Pflanze erfolgen in zureichen-dem Maße und gewährleisten ausreichend sortentypi-sches Triebwachstum, Blüten- und Fruchtbildung. Dieses Verhältnis wird bereits gestört, wenn man die Krone die-ser Pflanze zurückschneidet und hier hinein Reiser der

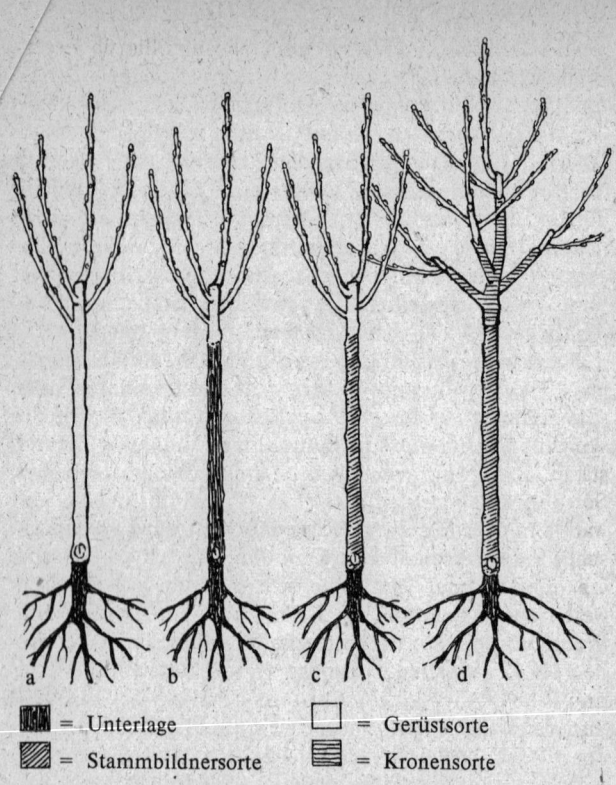

■ = Unterlage □ = Gerüstsorte

▨ = Stammbildnersorte ▤ = Kronensorte

Abb. 6 Beispiele für Sorten-/Unterlagen-Kombinationen
a Apfelsorte auf Typunterlage;
b Süßkirschensorte auf
Vogelkirschsämling *(Prunus avium)*;
c Birnenstammbildner
auf Birnensämling;
d Apfelsorte (Pfropfsorte)
auf Gerüstsorte, Stammbildner und Apfelsämling

gleichen Pflanze pfropft. Pfropfreiser und -unterlage sind
jetzt voneinander mechanisch getrennt, und der Stoffwechsel zwischen Wurzel und Krone und umgekehrt
kann nicht in bisherigem Umfang vonstatten gehen.
Diese Trennung wird zwar durch Verwachsung über-

brückt, aber erst nach mehreren Jahren völlig überwunden.

Zu nicht vorübergehenden Störungen kommt es, wenn physiologisch verschiedenartige Pflanzen miteinander vereinigt werden, wie dies bei der Veredlung stets der Fall ist. Diese Störungen sind um so ausgeprägter, je weniger die verschiedenen Pfropfpartner in Wachstum, Vegetationsverlauf, Blüten- und Fruchtbildung, im inneren Bau und in den stofflichen Ansprüchen übereinstimmen oder sich an die veränderten Bedingungen anpassen können.

Anders ausgedrückt: je besser Unterlage und Edelreis physiologisch übereinstimmen, desto besser sind sie miteinander verträglich, desto sicherer und inniger verwachsen sie miteinander und desto größer sind ihre Wuchsstärke und ihre Lebensdauer. Am ehesten ist dies bei Sorten und Unterlagen der gleichen Art oder nahe verwandter Arten zu erwarten. Dennoch ist enge systematische Verwandtschaft keine Gewähr für physiologische Übereinstimmung. So lassen sich mitunter systematisch weiter entfernte Arten, wie Birne und Quitte, Quitte und Weißdorn, leichter und dauerhafter miteinander verbinden als die systematisch nahe verwandten Arten Apfel und Birne. Die Verträglichkeit muß deshalb in der Regel durch praktische Erfahrungen festgestellt werden.

Der gegenseitige Einfluß von Unterlage und Edelreis

Je nach dem Grad der Verschiedenartigkeit und der Anpassungsfähigkeit der Pfropfpartner reagieren diese mehr oder weniger stark und in besonderer Weise auf den veränderten Stoffwechsel und damit wechselweise aufeinander. Diese Reaktionen äußern sich in der Abänderung der Wuchsformen von Wurzel und Krone, des Vegetationsverlaufs, der Blüten- und Ertragsbildung, überhaupt in der ganzen Erscheinungsform der Pflanze und zahlreicher innerer Eigenschaften, wie Widerstandsfähigkeit gegen Witterungsbedingungen, Krankheiten und Schädlinge.

So ändert ein Unterlagentyp unter dem Einfluß verschiedener Edelsorten seine Wurzeltracht und damit seine Er-

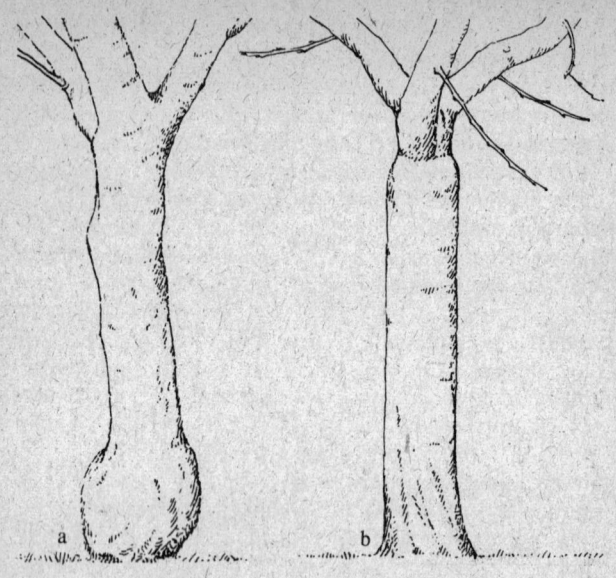

Abb. 7 Unterlage wächst stärker als Edelsorte
a 'Schattenmorelle' auf Steinweichsel *(Prunus mahaleb)*;
b 'Schattenmorelle' auf Vogelkirsche *(Prunus avium)*

nährungseigenschaften sichtbar ab. Der Einfluß der Unterlagen auf die Edelsorte äußert sich am stärksten, und
zwar ziemlich gleichsinnig, in einer Änderung der
Wuchsstärke, der Lebensdauer, der Blütenbildung und
des Ertragsverlaufs. Durch Verwendung bestimmter Unterlagen wird es z. B. möglich, die Eigenschaften einzel-
ner Sorten in einer Richtung zu beeinflussen, die den Anbau an Standorten oder unter Bedingungen gestattet, für
die die betreffende Sorte auf arteigener Unterlage nicht
geeignet ist. Deutlich wird dies beim Anbau von Süßkir-
schen auf leichten Böden mit Hilfe der Mahaleb-Unter-
lage und beim Anbau von Sauerkirschen auf nährstoffrei-
chen Lehmböden mit Hilfe der Vogelkirsch-Unterlage.
Weit bedeutungsvoller ist es, daß eine Reihe von Apfel-
unterlagen ein abgestuft schwächeres Triebwachstum, frü-
hen und reichen Ertrag oder sogar beides hervorruft. Dies

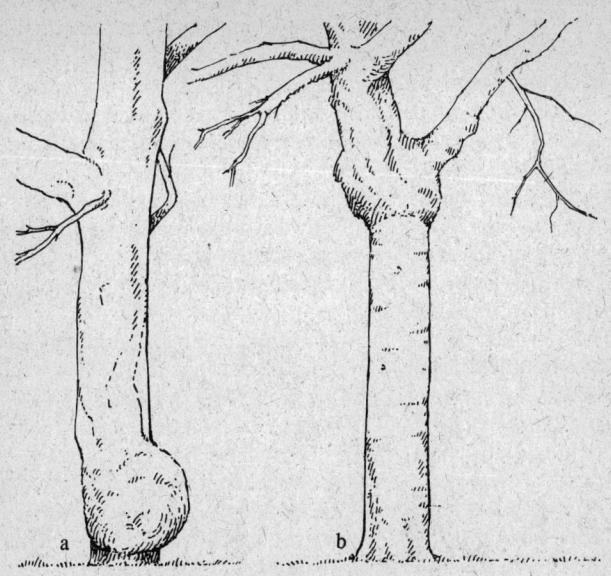

Abb. 8 Unterlage wächst schwächer als Edelsorte
a 'Boskoop' auf M 9; b Süßkirschensorte
auf Vogelkirsche *(Prunus avium)*

macht es möglich, mit Sorten von unterschiedlicher Wuchsstärke Pflanzungen aufzubauen, die gleiches Wachstum aller Gehölze aufweisen. Schwaches Wachstum und früher, reicher Ertrag der Bäume, auch auf Kosten der Lebensdauer, sind ferner wichtig für hochleistungsfähige Niederstammanlagen sowie räumlich beengte Klein- und Siedlergärten. Auch der Vegetationsverlauf und die Fruchtausbildung werden durch die Unterlage beeinflußt, allerdings nicht so einheitlich wie die Wuchsstärke. Der frühe Triebabschluß, der bei Sorten auf der Apfelunterlage M 9 und auf der Birnenunterlage Cydonia A zu bemerken ist, führt zu einer geringeren Lagerfähigkeit der Früchte derartiger Bäume.

Durch die Verwendung artfremder Unterlagen mit unterschiedlichem Stoffwechsel kommt es häufig zu empfindlichen Störungen der künstlichen Lebensgemeinschaft Unterlage/Edelreis.

Belanglose oder nachteilige Äußerungen der Störung werden als Unverträglichkeitserscheinungen bezeichnet. Je nachdem, in welcher Weise sich die Störung bemerkbar macht, sprechen wir von mechanischer oder physiologischer Unverträglichkeit.

Bei der *mechanischen Unverträglichkeit,* die sich häufiger in der Baumschule als am endgültigen Standort bemerkbar macht, bricht der Stamm nach anfänglich normaler Entwicklung bei Stoß oder Winddruck plötzlich an der Veredlungsstelle glatt ab. Hier fand also nur eine ungenügende Vereinigung der Gewebe der Pfropfpartner statt.

Physiologische Unverträglichkeit äußert sich dagegen in der Nichtannahme des Pfropfreises bzw. des Edelauges, im Absterben des Edelreises nach kurzer oder längerer Zeit, im Kümmerwuchs von Sproß und Wurzel, in krankhafter Blattfärbung und vorzeitigem Laubfall, in Wulstbildungen an der Veredlungsstelle, Verminderung der Frosthärte usw.

Die Unverträglichkeit tritt um so stärker in Erscheinung, je ungünstiger die Standort- und Pflegebedingungen, besonders die Nährstoffversorgung, sind. Stark ausgeprägt finden wir sie bei Verbindungen von einigen Birnensorten mit Quitte, von Aprikose bzw. Pfirsich mit Pflaume. Bekanntermaßen unverträgliche Kombinationen müssen in jedem Fall vermieden werden.

Die Veredlungsunterlagen

Als Veredlungsunterlage ist, strenggenommen, jede Pflanze anzusehen, auf die das Reis einer bestimmten Sorte aufveredelt wird. Dabei kann der Unterlage die Aufgabe zufallen,

– für dauernd Wurzelwerk und Stamm der veredelten Pflanze zu bilden oder aber

– als »Wurzelamme« so lange zu fungieren, bis sich an dem im Boden befindlichen Teil des Edelreises eigene Wurzeln gebildet haben. Letzteres ist bei zahlreichen Koniferen und Ziergehölzen der Fall.

Unter besonderen Umständen, z. B. bei Unverträglichkeit, kann es erforderlich sein, zwischen Unterlage und Edelreis ein mit beiden Partnern gut verträgliches Sortenreis als Zwischenveredlung einzuschalten. In diesem Fall, oder wenn ein älterer, bereits veredelter Obstbaum umveredelt wird, haben wir es sogar mit zwei oder drei Unterlagen zu tun. In der Praxis versteht man unter dem Begriff »Unterlage« nur die Wurzelunterlage, also denjenigen Teil der Pflanze, der auch die Wurzeln bildet.

Obstunterlagen

Den Obstunterlagen kommt zweifellos die größte wirtschaftliche Bedeutung zu. Nachstehend sind diejenigen Unterlagen angeführt, die auf Grund der obstbaulichen und baumschulischen Erfahrungen der letzten Jahrzehnte verwendet werden dürfen[1]. Ausschlaggebend für die Zulassung sind ausreichende Vermehrungsfähigkeit, günstiger Einfluß auf Wachstum und Ertrag der Edelsorte sowie genügende Frosthärte. Es lassen sich Sämlingsunterlagen und vegetativ vermehrbare Unterlagen unterscheiden. Die letzteren werden beim Obst auch als Typunterlagen bezeichnet.

Sämlingsunterlagen werden aus Samen gewonnen, Typunterlagen ungeschlechtlich durch Abrisse, Ableger oder Steckholz vermehrt. Den stärksten Wuchs veranlassen in der Regel die arteigenen *Sämlingsunterlagen,* die dem Ertrags- und Lebensablauf der Edelsorten am meisten entsprechen. Sie entwickeln meist ein kräftiges, weitreichendes Wurzelsystem, wodurch sie den Baum gut verankern und auch einen weniger günstigen Boden besser ausnutzen können. *Typunterlagen* weisen dagegen im allgemei-

1 Siehe »Sortenliste für landwirtschaftliche Kulturpflanzen«, jährlich herausgegeben von der Zentralstelle für Sortenwesen der DDR

nen ein anspruchsvolles, schwächeres, meist weniger umfangreiches Wurzelwerk auf, das das Gehölz oft ungenügend verankert und einen Pfahl erforderlich macht. Sie veranlassen, jedenfalls bei Kernobst, je nach Typ schwachen bis starken Wuchs und kürzere Lebensdauer, meist auch früheren Ertragsbeginn und relativ hohen Ertrag sowie ausgeglichenen Ertragsverlauf.

Apfelunterlagen

Sämlinge (*Malus sylvestris* var. *domestica*) von folgenden diploiden, genügend frostharten Sorten: 'Antonowka', 'Bittenfelder'.
Geeignet für Hoch-, Halb- und Viertelstämme auf allen Standorten.
A 2, starkwachsende Typunterlage.
Geeignet für Halb- und Viertelstämme auf allen Standorten.
MM 111, starkwachsende Typunterlage.
Geeignet für Halb- und Viertelstämme auf allen Standorten.
MM 106, schwach- bis mittelstarkwachsende Typunterlage, standfest.
Geeignet für Niederstämme auf mittleren bis besten Böden[1].
Pi 80, schwachwachsende Typunterlage, benötigt Stützgerüst.
Geeignet für Niederstämme auf mittleren bis besten Böden.
M 26, schwachwachsende Typunterlage, benötigt Stützgerüst.
Geeignet für Niederstämme auf mittleren bis besten Böden.
M 9, sehr schwachwachsende Typunterlage, benötigt Stützgerüst.
Geeignet für Niederstämme auf guten bis besten, genügend feuchten Böden.

1 leichter Boden = Sandboden, BWZ 18–30; mittlerer Boden = sandiger Lehmboden, BWZ 30–45; guter Boden = BWZ 45–60; bester Boden = milder Lehmboden, BWZ über 60

Birnenunterlagen

Sämlinge *(Pyrus communis)* von folgenden diploiden, frostharten Sorten: 'Einsiedel', 'Geddelsbacher', 'Kirchensaller Mostbirne'.
Geeignet für alle Baumformen auf allen Standorten. Für Niederstammformen auf guten Böden, keinesfalls für starkwachsende Sorten.
Cydonia A (Quitte), schwachwüchsige Typunterlage.
Geeignet für Niederstämme nur auf weitgehend frostgeschützten Standorten. Um Unverträglichkeitserscheinungen von vornherein auszuschalten, sind alle Sorten mit Zwischenveredlungen heranzuziehen. Als Zwischenveredlungen sind folgende Sorten zugelassen: 'Gellert', 'Pastorenbirne', 'Schraderhof'.

Quittenunterlagen

Weißdornsämlinge *(Crataegus monogyna)*
Geeignet für alle Baumformen auf allen Standorten.
Cydonia A, Typunterlage.
Geeignet für Niederstämme auf weitgehend frostgeschützten Standorten und guten Böden.

Süßkirschunterlagen

Sämlinge der Vogelkirsche *(Prunus avium)* aus Saatgut ausgelesener, nachweislich frostharter, gesunder Mutterbäume der Sorte 'Alkavo'.
Geeignet für alle Baumformen auf allen süßkirschenfähigen Standorten.
Sämlinge der Steinweichsel *(Prunus mahaleb)* aus Saatgut ausgelesener Mutterbäume der Sorte 'Alpruma'.
Geeignet für alle Baumformen auf süßkirschenmüden und leichten Böden[1]. Da zahlreiche Sorten mit *Prunus mahaleb* nicht verträglich sind, empfiehlt sich Zwischenveredlung von 'Köröser' oder anderen Sauerkirschsorten.

---

1 siehe Fußnote »Apfel«

Sauerkirschunterlagen

Sämlinge der Steinweichsel *(Prunus mahaleb)* aus Saatgut ausgelesener Mutterbäume der Sorte 'Alpruma'.
Geeignet für Niederstämme auf leichten bis mittleren, nicht zu feuchten Böden.
Sämlinge der Vogelkirsche *(Prunus avium)* aus Saatgut ausgelesener Mutterbäume der Sorte 'Alkavo'.
Geeignet für Niederstämme und Viertelstämme auf besseren, süßkirschenfähigen Böden.

Pflaumenunterlagen

Prunus Myrobalane, starkwachsende Sämlingsunterlage.
Geeignet für Pflaumen allgemein auf leichteren, nicht zu feuchten Böden und frostgeschützten Standorten.
Prunus Große Grüne Reneklode, starkwüchsige, frostharte Sämlingsunterlage.
Geeignet für Pflaumen und Zwetschen an zusagenden Standorten.
Prunus Brompton, Sämlingsunterlage.
Geeignet für Pflaumen und Zwetschen an zusagenden Standorten.
Prunus Ackermann, schwach- bis mittelstarkwüchsige Typunterlage.
Geeignet für Niederstämme auf besseren Böden und frostgeschützten Standorten, vorwiegend für 'Hauszwetsche'.
Schwamborn 103, mittelstarkwüchsige Typunterlage.
Geeignet für Niederstämme auf allen Standorten mit allen zugelassenen Sorten.
Prunus Weiße Myrobalane, Pfälzer Typ, schwachwüchsige, frostharte Typunterlage.
Geeignet für Nieder- und Viertelstämme auf allen Standorten.
Unverträglich mit 'Lützelsachser', 'Czar', 'Nancymirabelle', 'Große Grüne Reneklode'.

Pfirsichunterlagen

Sämlinge des Pfirsichs *(Prunus persica)*
Geeignet für Niederstämme besonders auf trockeneren Böden in wärmerer Lage.
Prunus Ackermann, schwach- bis mittelstarkwüchsige Typunterlage.
Geeignet für Niederstämme auf zusagenden Standorten.
Prunus Brompton, Sämlingsunterlage.
Geeignet für Niederstämme besonders auf feuchteren und flachgründigeren Böden in kühlerer Lage.

Aprikosenunterlagen

Sämlinge *(Prunus armeniaca)* aus Saatgut der Samenspendersorte 'Hinduka'.
Geeignet für alle Baumformen an allen zusagenden Standorten.

Walnußunterlagen

Sämlinge der Walnuß *(Juglans regia)* aus Saatgut ausgelesener, nachweislich frostharter Mutterbäume.
Geeignet für alle Baumformen auf allen zusagenden Standorten.

Unterlagen für Johannis- und Stachelbeerstämme

Im allgemeinen werden Typen der Goldjohannisbeere *(Ribes aureum)* verwendet. Diese Unterlagen nehmen die Veredlung, mit Ausnahme einiger Stachelbeersorten, gut an und beeinflussen Wachstum und Ertrag günstig. Zudem sind sie frei von Stacheln.
'Kora', stark- und geradwüchsige Typunterlage.
Geeignet für Stämmchen auf allen Standorten mit allen zugelassenen Johannisbeer- und Stachelbeersorten.

Rebunterlagen

Auf Grund des Reblausgesetzes dürfen in den Weinbaugebieten unserer Republik nur Pfropfreben gepflanzt werden. Diese werden in staatlich anerkannten Rebschulen

29

durch Pfropfung der reblausanfälligen Edelsorten auf reblausfeste Unterlagen gewonnen. Diese Unterlagen sind meistens aus Kreuzungen amerikanischer Wildreben, z. T. aber auch aus Kreuzungen amerikanischer Wildreben mit europäischen Sorten, gezüchtet worden. Zugelassen sind folgende Rebunterlagen:

Berlandieri x Riparia Kober 5 BB,
Berlandieri x Riparia Sel. Oppenheim 4,
Berlandieri x Riparia Sel. Teleki 5 C,
Aramon x Riparia M. G. 143 A,
Trollinger x Riparia G. 26.

Rosenunterlagen

Die bekannteste und am meisten verwendete Rosenunterlage ist die bei uns heimische *Rosa canina*. Diese Unterlage wird durch Samen vermehrt und bildet zahlreiche Unterarten, die sich in Wuchsstärke, Triebbildung, Bestachelung, Blattbildung und Anfälligkeit für Krankheiten und Schädlinge usw. unterscheiden. Strenge Auslese hat zahlreiche »Edelcanina«-Typen ergeben, die sich für besondere Zwecke und Sortengruppen sowie verschiedene Standorte und Anbaugebiete bewährt haben. In geringerem Umfang sind weitere Arten im Gebrauch, die zum Teil ebenfalls durch Samen, zum Teil durch Steckholz vermehrt werden.

Rosa-canina-Sorten (Edel-Canina)

Brög. Für Busch- und Stammanzucht, auch auf schweren Böden.
Inermis. Für Busch- und Stammanzucht, letztere nur auf besonders guten Böden. Eine der besten Unterlagen.
Schmidts Ideal. Vorwiegend für Buschanzucht im Binnenland.

Rosa x *pollmeriana*. Besonders für Stammanzucht auf schweren Böden im Binnenland.

Rosa dumetorum 'Laxa'. Besonders für Buschanzucht auf schweren Böden bei zeitiger Veredlung.

Rosa multiflora. Besonders für Anzucht in Töpfen und für Beetrosensorten.

Ziergehölzunterlagen

Ziergehölzvarietäten werden meist auf die Art veredelt. Hierbei sind selbstverständlich die gleichen Grundsätze, wie sie vorstehend beschrieben wurden und wie sie im nachstehenden Abschnitt »Stammbildner« zum Ausdruck kommen, zu beachten. Die jeweils zu verwendenden Unterlagen sind aus der in der Anlage aufgeführten Veredlungsliste zu ersehen.

Stammbildner

Als Stammbildner bezeichnet man Zwischenveredlungen, die den Zweck haben, bei hochstämmigen Baumformen den Stamm zu bilden, wenn Unterlage oder Edelsorte dazu nicht in der Lage sind. Viele Unterlagen sind schwach- oder kurztriebig oder bilden krumme und ästige Stämme, z. B. Obstunterlagen. Andererseits wachsen auch zahlreiche Sorten bzw. Varietäten nur schwach oder bilden ästige, schleudernde oder weichrindige, empfindliche oder auch gar keine Stämme, z. B. Kugelbäume. Aus diesem Grunde werden in der Baumschule starkwüchsige, geradschäftige und gesunde, widerstandsfähige Stammbildnersorten, die erfahrungsgemäß gute Stämme bilden, auf den Wurzelhals der Unterlage veredelt und die endgültige Sorte obenauf gepfropft. Es muß jedoch darauf geachtet werden, daß die Pfropfpartner, also Wurzelunterlage, Stammbildner und Kronensorte annähernd gleiches Wuchsverhalten – Vegetationsverlauf, Wuchsstärke – aufweisen und auch sonst miteinander verträglich sind. Weiterhin muß die Stammbildnersorte ausreichend frosthart sein. Für Obst sind zur Zeit die nachfolgenden, erwiesenermaßen frostharten, gerad- und starkwüchsigen Stammbildnersorten zugelassen:
für Äpfel: 'Hibernal' (nur für Viertelstämme),
'Jacob Fischer';
für Birnen: 'Bertram', 'Gellert', 'Schraderhof';
für Pflaumen und Zwetschen: zugelassene Hauszwetschensorten.
Die günstige Wirkung des frostharten Stammbildners beruht zum einen darauf, daß die weniger frostharte Kro-

nensorte aus der kältesten, weil bodennahen Luftschicht herausgehoben wird, zum anderen wirken einzelne Stammbildner wahrscheinlich fördernd auf die Frosthärte der Kronensorte.

Beschaffenheit und Behandlung der Unterlagen

Die Unterlagen sollen möglichst jung, für Wurzelhalsveredlungen[1] ein- bis zweijährig, der Art entsprechend kräftig, wüchsig, gerade gewachsen, an der Basis unverzweigt, gut bewurzelt und gesund sein[2]. Im allgemeinen soll der Durchmesser am Wurzelhals für Wurzelhalsveredlungen 5 bis 10 mm betragen.

Unterlagen müssen sachgemäß gepflanzt und gepflegt werden, damit sie bis zum Veredlungszeitpunkt die erforderliche Stärke aufweisen und die Gewähr für ein zügiges weiteres Wachstum geben. Sie sind also in allen Fällen spätestens im Frühjahr vor dem beabsichtigten Veredlungstermin zu pflanzen.

Vielfach stehen die Unterlagen nicht vor dem Spätherbst zur Verfügung und müssen noch geputzt werden. Dies trifft insbesondere für Laubholzunterlagen zu. Aus diesem Grunde sind die Unterlagen sofort nach dem Eintreffen frostfrei einzuschlagen bzw. unter geeigneten Bedingungen zu lagern, damit sie jederzeit herausgenommen und geputzt werden können. Vor oder beim Putzen sollten sie nach Stärke sortiert werden.

Das *Putzen der Unterlagen* bezieht sich auf das Einkürzen der Wurzeln, den Rückschnitt des Sproßteils und das Freischneiden der Veredlungsstelle bei Wurzelhalsveredlungen. Bei Unterlagen für Obst- und starkwüchsige Laubgehölze, die auf den Wurzelhals[3] veredelt werden, wird der Sproß auf 30 bis 40 cm zurückgeschnitten, die Veredlungsstelle mit Messer oder Schere auf 15 bis 20 cm von Wurzeln und Trieben befreit und die übrigen Seitentriebe auf 2 bis 3 cm eingekürzt. Die Wurzeln werden keilförmig zurückgeschnitten wie es in der Abbildung 9

1 Worterklärung siehe Abschnitt »Die Veredlungsarten«
2 siehe TGL 7789 02 bis 03
3 siehe Abschnitt: »Okulation auf schlafendes Auge«

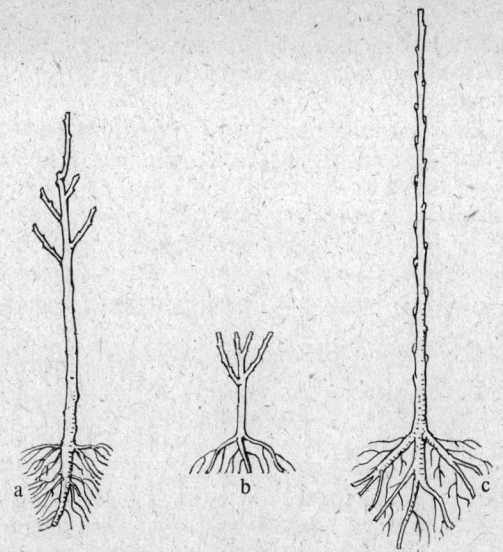

Abb. 9 Geputzte Unterlagen
a Apfeltypunterlage; b Rosenbuschunterlage;
c Süßkirschenunterlage (Vogelkirsche)

dargestellt ist. Das Ausmaß des Rückschnittes richtet sich nach der Pflanztechnik. Unterlagen, die mit dem Spaten gepflanzt werden, können einen größeren Wurzelkörper behalten als solche, die mit Pflanzhacke oder in den Spalt bzw. mit der Maschine gepflanzt werden.

Schwachwüchsige Unterlagen, z. B. Rosen, werden zu mehreren gebündelt, Wurzelhals an Wurzelhals, geputzt. Hier beschränkt man sich darauf, den eigentlichen Wurzelhals freizuschneiden. Die Triebe werden auf Handbreite, vom Wurzelhals an gerechnet, eingekürzt. Unterlagen, die erst in Kronenhöhe veredelt werden und aus der Gipfelknospe einen genügend kräftigen Stamm aufbauen, erhalten nur einen Wurzelschnitt, z. B. *Prunus avium*, Rosenstammunterlagen und *Aesculus*.

Die Unterlagen für Freilandveredlungen werden nach dem Putzen nochmals ungebündelt eingeschlagen und alsbald auf entsprechend vorbereitete Quartiere aufgeschult. Vegetativ vermehrte Unterlagen können etwas tiefer gesetzt werden, als sie zuvor standen. Bei Sämlingsunterlagen muß der Wurzelhals mit der Erdoberfläche abschneiden.

Das Unterlagenmaterial für Handveredlungen besteht vielfach in Wurzelstücken von wenigstens 1 cm Durchmesser. Die Wurzeln werden im Laufe des Winters gewonnen und frostfrei eingeschlagen, so daß sie im zeitigen Frühjahr zur Verfügung stehen. Zum Veredeln werden sie in 10 cm lange Stücke zerteilt, die oben gerade, unten schräg zugeschnitten werden, um Oben und Unten unterscheiden zu können.

Die Edelreiser

Als Edelreis im weiteren Sinne ist der Teil eines Baumes zu verstehen, der mit Hilfe eines beliebigen Veredlungsverfahrens auf eine Veredlungsunterlage gepfropft wurde. Auch eine Zwischenveredlung bzw. ein Stammbildner ist in diesem Sinne ein Edelreis, wenigstens so lange, bis die endgültige Kronensorte aufgepfropft wird. Edelreiser im eigentlichen Sinne sind die Sortenreiser, aus denen die Pfropfreiser und Edelaugen gewonnen werden.

Beschaffenheit der Edelreiser

Wie an die Unterlagen, so sind auch an die Edelreiser einige Anforderungen zu stellen, die erfüllt werden müssen, wenn die Veredlungen den in sie gesetzten Erwartungen entsprechen sollen. Sie müssen kräftig, gut ausgereift, der Sorte bzw. der Varietät entsprechend typisch in Form und Farbe, sowie gesund sein.

Nur kräftige, gut ausgereifte, etwa mittelstarke Reiser weisen einen genügend hohen Gehalt an Assimilaten auf, welche das Pfropfreis benötigt, um möglichst schnell mit der Unterlage zu verwachsen und sofort kräftige Triebe zu bilden. Am besten genügen den genannten Ansprüchen Triebe aus den äußeren Kronenpartien mehrjähriger Gehölze. Sie waren auf Grund der günstigen Belichtung in der Lage, ausreichend Assimilate zu bilden und sind gewöhnlich durch gedrungenes Aussehen, kurze Internodien (Knospenzwischenräume) und kräftig entwickelte Augen und Blattkissen gekennzeichnet. Schwache Langtriebe, Triebe aus dem Kroneninnern mit weiten Internodien und unausgereiften Triebspitzen sind dagegen nicht geeignet, da es ihnen an Reservestoffen mangelt. Das gleiche trifft auch für besonders starke, mastige Triebe zu, wie sie einjährige Veredlungen, besonders Okulationen und umgepfropfte Bäume, aufweisen.

Ferner ist die *Polarität* der Edelreiser zu beachten. Sie spielt zwar bei Laubgehölzen eine viel geringere Rolle als bei Koniferen, sollte aber doch beachtet werden. Zur Vermehrung baumartiger, pyramidal wachsender Gehölze mit ausgeprägter Mittelachse sind nach Möglichkeit nur Mitteltriebe oder senkrecht stehende Kopftriebe zu verwenden. Nur diese ergeben Jungpflanzen, die von selbst aufrecht und gleichmäßig wachsen und sich gut und gleichmäßig verzweigen.

Das *Alter* der Edelreiser kann ein bis mehrere Jahre betragen. Für Okulationen auf schlafendes Auge werden weitgehend ausgereifte, noch im Trieb befindliche, beblätterte Reiser der gleichen Vegetationsperiode verwendet. Für Reiserveredlungen benutzt man gewöhnlich Triebe der vorausgegangenen Vegetationsperiode (einjährige Triebe), nur ausnahmsweise völlig ausgereifte Reiser der gleichen Vegetationsperiode. Bei einer Reihe hartholziger und dünnzweigiger Gehölze ist der Veredlungserfolg größer, wenn mäßig starke, zwei- bis dreijährige Triebe als Reiser verwendet werden. Wichtig ist, daß sie an der Basis der Nebentriebe austriebsfähige Beiaugen haben. So verwenden wir für Freilandveredlungen von *Fagus* zweijähriges Holz, von *Quercus* mindestens zweijähriges Holz, von *Tilia* zwei- bis dreijähriges Holz, ebenso von *Ulmus*. *Prunus*-Arten bilden nicht sicher Beiaugen und können deshalb nur als einjährige Reiser veredelt werden.

Sortenwahl

Die Sortenwahl bereitet bei der Mehrzahl der Gehölze kaum Schwierigkeiten, da die Anzahl der jeweiligen Sorten bzw. ihre Verwendung auf bestimmte Standorte begrenzt ist. Anders sieht es bei Obst und Edelrosen aus. Für die DDR ist die Vermehrung und der Vertrieb von Obst durch die »Anordnung über die Prüfung und Zulassung zur Vermehrung und zum Vertrieb von Kulturpflanzensorten in der DDR« vom 24. 7. 1973 geregelt. Jährlich erscheint eine Sortenliste, die u. a. die derzeit zugelassenen Obstsorten enthält. Mit Hilfe der dort aufgeführten Sorten sind die Obst produzierenden Betriebe in der Lage, den vielfältigen Anforderungen des Handels und der verarbeitenden Industrie zu entsprechen. Die aufgeführten Sortimente genügen auch den Ansprüchen der Kleinerzeuger. Es kann diesem Kreis nur immer wieder empfohlen werden, auf die Wirtschaftlichkeit der Sorte, d. h. auf ihren sicheren Ertrag auch bei weniger intensiver Pflege, auf Haltbarkeit und günstige Verarbeitungseigenschaften größeren Wert zu legen als auf Aussehen und besonderen Geschmack. Auch bei den Rosen ist es sinnvoll, die Sortimente zu begrenzen und auf Sorten, die durch Neuerscheinungen oder Neuzüchtungen überholt sind, zu verzichten.

Gewinnung und Aufbewahrung der Edelreiser

Edelreiser für *Sommerveredlungen* werden möglichst unmittelbar vor dem Verbrauch geschnitten. Es sollen nicht mehr Reiser geschnitten werden, als noch am gleichen Tag verarbeitet werden können. Die Reiser sind mit der Schere zu schneiden und so schnell wie möglich zu entblättern, um jede stärkere Verdunstung zu verhindern. Das Entblättern erfolgt mit Messer oder Schere. Dabei läßt man, vor allem wenn mit Bast verbunden wird, jeweils einen 1 bis 1,5 cm langen Blattstiel stehen, der zur besseren Handhabung und zur Ernährung des Auges dient. Die fiederförmigen Nebenblätter, die sich vor allem an Obstgehölzen und Rosen befinden, sind ebenfalls zu beseitigen, ohne die Rinde zu beschädigen. Nach dem Entblättern werden die Reiser in feuchte Tücher gewickelt und schattig abgelegt. Werden mehrere Sorten zugleich geschnitten, so ist darauf zu achten, daß jede Sorte gesondert gebündelt und etikettiert wird. Zugekaufte Reiser, die längere Zeit unterwegs waren, sind sofort zu verarbeiten, nachdem sie zuvor gründlich gewässert wurden.

Für *Sommerveredlungen unter Glas* werden die frühmorgens geschnittenen Reiser nicht entblättert. Es ist jedoch angebracht, die Blattfläche zu verringern, um die Verdunstung einzuschränken.

Edelreiser für *Freiland-* und *Handveredlungen* im *Winter* und *Frühjahr* werden zur Zeit der tiefsten Vegetationsruhe und noch vor Eintritt stärkerer Fröste, etwa von Ende Dezember bis Mitte Januar, gewonnen. Der Schnitt soll möglichst bei frostfreiem Wetter, zumindest nur bei leichtem Frost, vonstatten gehen.

Da die *Reiser* meist erst nach einigen Wochen bzw. Monaten verwendet werden, sind sie sorgfältig *aufzubewahren*. Der Platz soll kühl, genügend feucht, gegen Sonne, Wind und starken Frost geschützt sein. *Keller* sind geeignet, wenn sie genügend kühl und feucht sind. Hier werden die Reiser in feuchten Sand, besser noch in gewachsenen Boden aufrecht eingeschlagen. Wenige Reiser können, nach Sorten getrennt, in Folie gewickelt und bei Temperaturen von $+2$ bis $+4$ °C im Gemüsefach des *Kühlschranks* aufbewahrt werden. Etwas größere Reisermengen können vorteilhaft in größeren *Tontöpfen* oder Betonröhren überwintert werden, die an einem kühlen Ort des Kellers untergebracht oder frostgeschützt im Freiland eingegraben werden. Die Reiser werden gebündelt, in Wasser getaucht und ohne weiteres in die Behältnisse gestellt. Von Zeit zu Zeit sind sie anzufeuchten. *Im Freien* ist der Platz an der Nordseite eines Gebäudes am besten geeignet. Hier werden die Reiser reihenweise, nicht gebündelt, zu etwa $1/5$ ihrer Länge aufrecht eingeschlagen und die Reihen sorgfältig etikettiert. Es empfiehlt sich, den Einschlag mit Strohmatten oder Fichtenreisig zu bedecken, um ihn vor Frost zu schützen, den Austrieb zurückzuhalten und die Verdunstung zu vermindern.

Hilfsmittel zum Veredeln

Veredlungsmesser

Zum Veredeln braucht man unbedingt ein gutes, scharfes Messer. Im Laufe der Zeit haben sich besondere Formen herausgebildet, die den verschiedenen Zwecken und Handhabungen angepaßt sind.

Okuliermesser

Die gebräuchlichste und beste Form des Okuliermessers weist eine geschweifte Klinge mit nach außen gebogener Schneide und einen am Heft befindlichen Löser auf. Mittels der gebogenen Schneide ist es möglich, den T-Schnitt in der Unterlage ohne Druck, mit ziehendem Schnitt auszuführen. Ebenso kann das Edelauge leichter und ohne besondere Anstrengung bei bequemer Haltung der Hände aus dem Reis herausgeschält werden, als es mit gerader Klinge möglich wäre. Der *Löser*, der aus Hartgummi, Horn oder Kunststoff gefertigt sein sollte, dient dazu, die Rindenlappen an der Unterlage zu lösen.

Neben der oben beschriebenen Messerform sind auch Okuliermesser mit gerader Klinge und Schneide und *Rückenlöser* in Gebrauch. Der Löser befindet sich hier auf

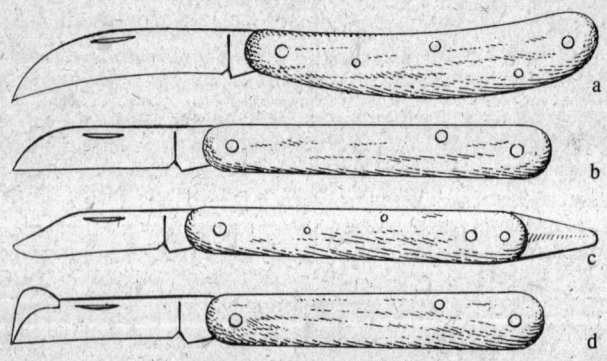

Abb. 10 Veredlungsmesser
a Kopulierhippe; b Kopuliermesser; c Okuliermesser
mit Löser am Heft; d Okuliermesser mit Rückenlöser

dem Rücken der Klinge und ist, wie diese, aus Stahl. Mit diesem Messer arbeitet es sich bei weitem nicht so gut wie mit dem erstgenannten. Es ist nur für schwachtriebige Gehölzarten zu empfehlen.

Zur Ausführung von *Ringokulationen* bei Walnüssen im Freiland benötigt man Spezialmesser mit Doppelklingen.

Kopuliermesser

Zur Ausführung von Reiserveredlungen genügt im allgemeinen ein Kopuliermesser. Mit diesem kann man die benötigten Schnitte an Unterlage und Edelreis vornehmen. Das gewöhnliche Kopuliermesser hat eine gerade Klinge mit gerade anschließendem Heft. Für die Arbeit mit stärkeren Reisern, z. B. von Obst und Flieder, gibt es Ausführungen, deren Heft verstärkt und der Hand angepaßt ist. Kopuliermesser mit gerader Klinge sind vor allem für Kopulationen und Rindenveredlungen geeignet. Zum Lösen der Rindenlappen bei letzteren kann man gut das Okuliermesser benutzen.

Kopulierhippe

Zur Arbeit mit sehr starken Reisern und besonders zur Ausführung von Geißfußveredlungen benutzt man die Kopulierhippe. Diese hat eine geschweifte Klinge mit leicht eingebogener Schneide. Das Heft ist ebenfalls leicht geschweift, nach hinten zu keulig verstärkt und mit seiner Achse leicht gegen die Klingenachse gewinkelt. Dadurch liegt es besonders fest in der Hand. Die etwas vorstehende Spitze der Klinge gestattet auch bei stärkeren Reisern verhältnismäßig leicht, mit einem Zug den Kopulierschnitt durchzuführen. Besonders bei der Geißfußveredlung erleichtert sie, den Pfropfspalt in der Unterlage anzubringen.

Gartenhippe

Veredlungsmesser werden, wie der Name sagt, zum Veredeln benutzt. Alle Nebenarbeiten, zu denen man ein Messer benötigt, z. B. Reiser putzen, Veredlungsband schneiden, Unterlagen aufputzen und vorbereiten, sind deshalb mit einer leichten Baumschulhippe mit nicht zu stark gebogener Klinge auszuführen. Das Reiserschneiden, das Vorschneiden der Veredlungsköpfe sowie das Abwerfen der Unterlagenkronen wird man vorteilhaft mit einer scharfen *Gartenschere* vornehmen. Zum Abwerfen umzupfropfender Obstbaumkronen benötigt man eine gute *Baumsäge*.

Mechanische Hilfsmittel

In der Praxis des Baumschulbetriebes ist man bestrebt, die aufwendigen und z. T. schweren Veredlungsarbeiten mit Hilfe spezieller Maschinen zu beschleunigen und zu erleichtern, z. T. auch ihre Qualität zu erhöhen. Beispiele sind die Rebveredlungsmaschine nach HENGL, die von SCHMADLACK entwickelte Veredlungsmaschine VM Pi 1 und das von HAENCHEN aus der pneumatischen Schere entwickelte Kopuliergerät.

Abziehstein und Streichriemen

Nur ein scharfes Messer ist ein gutes Messer. Nur mit einem scharfen Messer kann man sauber und schnell arbeiten. Um die Veredlungsmesser ständig scharfzuhalten, ist wenigstens ein mittelfeiner Abziehstein notwendig. Besser aber ist es, einen griffigen, mittelfeinen Abziehstein zum Vorschleifen und einen feinen zum Nachschleifen zu benutzen. Veredlungsmesser sind nur einseitig angeschliffen; sie werden deshalb nur auf dieser Seite abgezogen. Beim Abziehen darf die Klinge nicht gegen die Schneide angehoben werden, sondern muß plan auf dem Stein liegen.

Um die abgezogene Klinge zu härten und an der Schneide auftretenden Grat zu entfernen, ist das Messer anschließend über einen Streichriemen zu ziehen, und zwar stets gegen den Rücken, wobei die Klinge beim Richtungswechsel über den Rücken gewendet wird. Das Messer ist scharf, wenn die Schneide im Licht nicht mehr zu erkennen ist und wenn bei drucklosem Ziehen des Messers über den Daumennagel Widerstand zu spüren ist.

Das Veredlungsband hat die Aufgabe, die Veredlungspartner bis zur vollzogenen Verwachsung unverrückbar in
einer bestimmten Lage festzuhalten, vor ungünstigen äußeren Einflüssen zu schützen und den Verwachsungsvorgang günstig zu beeinflussen. Dabei soll es leicht verar-
beitbar und billig sein.

Das bekannteste und in der Vergangenheit allgemein üb-
liche Verbandmaterial, der Raphiabast, ist im praktischen
Baumschulbetrieb gänzlich von neueren Materialien ab-
gelöst worden. Die z. Z. größte Bedeutung haben *Folien-
bänder*. Diese sind 1 bis 1,5 cm breite Bänder aus Weich-
plastfolie in einer dem Umfang der Veredlung angemes-
senen Länge und so breit, daß sie schnelles Verbinden
gestatten. Da sie elastisch sind, ergeben sie einen festen
Verband ohne einzuschneiden. Werden sie bei Reiserveredlungen wie bei Okulationen dicht um die Veredlungsstelle geschlungen, machen sie zusätzliches Verstreichen
mit Baumwachs ganz oder teilweise überflüssig. Gegenüber dem Bast zeichnen sie sich ferner dadurch aus, daß
sie einen guten Schutz gegen die Okuliermücke bieten,
deren Larve in den Veredlungen sowie in frischen Wunden frißt. Außerdem beeinflussen sie den Verwachsungsvorgang günstig.

Ein weiteres neuartiges Verbandmittel für Okulationen,
das sich bisher recht gut bewährt hat, ist der *Okulations-
schnellverschluß*. Er besteht aus einem rechteckigen oder
quadratischen Plättchen aus elastischem, dünnem Natur-
kautschuk, das nach strammem Umlegen um die Veredlungsstelle durch eine Drahtklammer gehalten wird. Neben der einfachen Handhabung und luftdichtem Ver-
schluß bietet dieser Verband volle Sicherheit gegen die
Okuliermücke.

Für Okulationen in geringeren Mengen empfiehlt sich
ferner das *selbstklebende Veredlungsband*. Dieses ist wie
Isolierband auf Rollen gewickelt und wird von hier aus
fest um die Veredlungsstelle gewunden. Danach wird es
durch Reißen abgetrennt. Es braucht weder verknotet
noch späterhin gelöst zu werden und bietet einen guten
Schutz gegen die Okuliermücke.

Zum Verbinden von Koniferenveredlungen werden außer Folienband auch *Wollfäden* oder *gewachste Baumwollfäden* verwendet. Sie verrotten nach einer gewissen Zeit.

Als brauchbar bei Reiserveredlungen haben sich anstelle von Bast oder Folienbändern *Heftklammern* erwiesen, wie sie ähnlich in Büroheftern benutzt werden. Für das Anbringen der Klammern eignen sich Heftzangen, wie sie zum Anheften der Güteetiketten verwendet werden.

Der Vorteil der Klammerung besteht in dem geringen Materialaufwand (2 Klammern je Veredlung), der schnellen Handhabung sowie in dem Umstand, daß das Lösen des Verbandes entfällt; die Klammern können einwachsen. Aus technischen Gründen kommt die Klammerung vor allem für Veredlungen in der Baumschule auf Unterlagen in Frage, deren Durchmesser 2 cm nicht überschreitet.

Baumwachs dient zum Verstreichen der Reiserveredlungen und frischer Schnittwunden in der Nähe der Veredlungsstelle. Im Gebrauch sind warm- und kaltflüssige Baumwachse. Kaltflüssiges Baumwachs ist jederzeit streichfähig. Wichtig ist, daß es frisch und von schmalzartiger Beschaffenheit ist. Nachteilig ist der verhältnismäßig hohe Materialverbrauch und der Umstand, daß es bei Hausveredlungen auf warmen Beeten leicht weich wird und dann in die Zwischenräume zwischen Unterlage und Edelreis eindringt. Brauchbar ist ferner *Latex-Binder*, der auch auf feuchten Schnittflächen haftet.

Reiserkästchen

Das Kästchen dient zur Aufnahme der vorgeschnittenen Veredlungsreiser. Diese lassen sich hierin aufbewahren, ohne daß die Augen beschädigt werden, was in Taschen usw. leicht möglich ist. Es hat etwa die Größe einer Zigarrenkiste und wird mit Hilfe eines Bindfadens am Gürtel befestigt.

Die praktische Durchführung der Veredlungen

Das Gelingen der Veredlung hängt vor allem von der geschickten, sauberen und schnellen Ausführung ab. Diese ist Voraussetzung jeder erfolgreichen Veredlungsarbeit, besonders im Baumschulbetrieb. Die hier angewendeten und praktisch möglichen Verfahren verlangen geschickte, saubere und schnelle Arbeit. Nur glatte, saubere Schnittflächen an Unterlage und Edelreis gewährleisten eine enge Verbindung beider Teile und damit eine schnelle Verwachsung. Ständige Übung im Gebrauch der Veredlungsmesser, um sichere, glatte und gleichmäßige Schnitte ausführen zu können, ist also erforderlich. Es ist nicht notwendig, daß man sämtliche Veredlungsarten restlos beherrscht. Okulation und Kopulation aber sollten jedem Veredler geläufig sein. Wenn er hierin sicher ist, wird er bald auch die übrigen Veredlungsarten ausführen können, zumal der Kopulierschnitt bei den meisten Arten wiederkehrt, also als Grundlage der meisten Veredlungsarten anzusehen ist.

Die Veredlungsarten

Die Veredlungsarten werden nach verschiedenen Gesichtspunkten unterschieden. Nach der Stelle, an welcher die Veredlung erfolgt, sprechen wir von Wurzel-, Wurzelhals-, Kronen- und Gerüstveredlungen. *Wurzelveredlungen* werden auf ein Wurzelstück vorgenommen, wie bei zahlreichen feinen Ziergehölzen, z. B. Eibisch, Waldrebe, Jungfernrebe, Päonie. Um *Wurzelhalsveredlungen* handelt es sich, wenn Edelreiser oder Edelaugen in den Wurzelhals, das Stammstück unmittelbar über den Wurzeln, ein-

Veredlungsarten

- **Augenveredlungen**
  - **Rindenveredlungen**
    - in die Seite
      - Okulation (T-Schnitt)
      - Kreuzschnittokulation
      - Ringokulation
      - Doppelokulation (nach Tubbs Nicolieren)
  - **Holzveredlungen**
    - in die Seite
      - Anplatten von Augen (Chipveredlung)

- **Reiserveredlungen**
  - **Holzveredlungen**
    - auf den Kopf
      - Kopulation
      - Kopulation mit Gegenzungen
      - Anschäften
      - Sattelschäften
      - Geißfußveredlung
      - Pfropfen in den Spalt
      - in den ganzen Spalt
      - in den halben Spalt
      - Lamellenveredlung
    - in die Seite
      - Anplatten
      - Seitliches Einspitzen
      - Seitenstichpfropfen
      - Ablaktieren
  - **Rindenveredlungen**
    - auf den Kopf
      - Gewöhnliches Rindenpfropfen
      - Rindenpfropfen mit einem seitlichen Anschnitt
      - Rindenpfropfen mit Sattelschnitt
      - Tittelpfropfen
    - in die Seite
      - Einspitzen hinter die Rinde

gesetzt werden, wie bei den meisten Obstgehölzen, Rosen und Flieder. *Kronenveredlungen* werden in Kronenhöhe durchgeführt, wie bei hochstämmigen Rosen, Beerensträuchern und zahlreichen Obstbäumen mit und ohne Stammbildner. Bei *Gerüstveredlungen* erfolgt die Veredlung in das Kronengerüst, auf kürzere oder längere Aststümpfe, wie beim Umpfropfen älterer Obstbäume.

Im gleichen Zusammenhang sind *Kopfveredlungen* und *Veredlungen in die Seite* zu unterscheiden, je nachdem, ob das Reis auf den Pfropfkopf oder in die Seite der Unterlage unterhalb der Unterlagenkrone eingesetzt wird.

Außerdem müssen Holz- und Rindenveredlungen unterschieden werden. Während bei *Holzveredlungen* angeschnittene Holzteile von Edelreis und Unterlage aneinandergefügt werden, wird bei *Rindenveredlungen* (Veredlungen hinter die Rinde) das Edelreis bzw. das Edelauge hinter die gelöste Rinde der Unterlage geschoben.

Nach dem Zeitpunkt der Veredlung unterscheiden wir *Winterveredlungen*, wenn die Veredlung während der Vegetationsruhe durchgeführt wird, *Frühjahrsveredlungen*, wenn sie in der Zeit von März bis Mai erfolgt, und *Sommerveredlungen*, wenn sie in der Zeit von Juni bis September vorgenommen wird.

Ferner sprechen wir von Freiland-, Haus- sowie Handveredlungen. *Freilandveredlungen* werden an Unterlagen vorgenommen, die im Freiland fest eingewurzelt sind. *Hausveredlungen* werden meist an getopften Unterlagen durchgeführt, die danach im Haus bzw. unter Glas verbleiben, bis sie völlig angewachsen sind. Als *Handveredlungen* bezeichnet man schließlich die Veredlung von Unterlagen, die aus einem Einschlag genommen, in der Hand gepfropft und danach eingetopft und im Haus angetrieben oder bis zum Auspflanzen ins Freiland frostfrei eingeschlagen werden.

In diesem Rahmen interessiert uns allerdings vor allem die technische Unterscheidung der Veredlungsarten. Danach ergibt sich folgende Gliederung (Tab. S. 44):

Von den genannten Verfahren gibt es zahlreiche Varianten, die von dem Ausgangsverfahren meist so wenig abweichen, daß ihre besondere Erläuterung an dieser Stelle überflüssig ist.

Als Augenveredlungen oder Okulationen bezeichnet man
Veredlungsverfahren, bei denen ein einzelnes Auge mit
einem mehr oder weniger großen Rindenschild vom Edelreis auf die Unterlage übertragen wird. Augenveredlungen werden während des Sommerhalbjahres durchgeführt,
wenn die Gehölze im Saft, d. h. im Trieb stehen und die
Rinde sich vom Holz lösen läßt, ohne daß am Holz Rin-
denfasern haftenbleiben. Da sie in der Hauptwachstumszeit vorgenommen werden, wachsen die Veredlungen bei
einigermaßen sauberer Arbeit außerordentlich sicher. Augenveredlungen sind ferner verhältnismäßig schnell auszuführen.

Okulation auf schlafendes Auge

Die gewöhnliche Okulation auf schlafendes Auge ist die
gebräuchlichste und einfachste Veredlungsart bei der Ge-
hölzanzucht. Sie wird vor allem bei Obst, bei Rosen, Flieder und einer Reihe weiterer, meist baumartig wachsender Ziergehölze angewendet. »Auf schlafendes Auge
veredeln« heißt, daß zur Veredlung Augen von Reisern
der gleichen Vegetationsperiode verwendet werden, die
sich in Knospenruhe befinden und normalerweise erst im
nächsten Jahr austreiben. Die Okulation auf schlafendes
Auge wird in der Zeit von Juli bis Mitte September
durchgeführt. Der genaue Termin richtet sich danach, zu
welcher Zeit die Rinde der Unterlage löst. Wenn dieses
Lösen auch durch Kulturmaßnahmen gefördert werden
kann, so ist es doch vom Vegetationsverlauf der Unterlage abhängig. Je zeitiger der Trieb der Unterlage abschließt, um so zeitiger muß veredelt werden. Für Obst
ergibt sich etwa folgende Reihe des *Veredlungsbeginns*:
– Mitte Juli Birnensämlinge, Quitte;
– Ende Juli Apfeltypunterlagen, Kirschensämlinge;
– Anfang August Apfelsämlinge;
– Mitte August Pfirsichsämlinge, Pflaumenunterlagen,
  Steinweichselsämlinge.
Die Okulation auf schlafendes Auge erfolgt gewöhnlich
auf den Wurzelhals von Unterlagen, die im vorangegange-

nen Winter aufgeschult wurden. Als Wurzelhals bezeichnet man die Übergangszone von der Wurzel zum Sproß, erkennbar auch an der Veränderung der Rindenfarbe. Sie erstreckt sich vom Wurzelansatz bis etwa 10 cm über den Erdboden. Diese Stelle ist für das Veredeln u. a. deshalb besonders vorteilhaft, weil sie verhältnismäßig glatt und frei von stärkeren Verzweigungen und stärker treibenden Wildaugen ist. Außerdem löst die Rinde in Bodennähe länger als weiter oben. Auch stört ein Veredlungswulst am Stammgrund weniger als höher am Stamm.

Eine Ausnahme wird bei Anzucht hochstämmiger Formen von Gehölzen mit empfindlichem oder markreichem Holz gemacht, wie z. B. Pfirsich, Quitte, Rosen, Ahorn. Diese werden *in Kronenhöhe* okuliert. Dabei werden meist zwei Augen auf gegenüberliegenden Seiten eingesetzt. Sonst kommt dieses Verfahren nur in Frage, wenn nicht genügend Edelreiser für Reiserveredlungen vorhanden sind oder diese nicht beherrscht werden.

Obstunterlagen werden im allgemeinen in etwa 5 bis 10 cm Höhe über dem Erdboden veredelt, doch okuliert man Typunterlagen gern etwas höher als Sämlinge, um zu verhindern, daß nach der Pflanzung das Edelreis den Boden berührt und sich von der schwachwachsenden Unterlage frei macht. Diese Gefahr besteht um so mehr, je schwachwüchsiger die Unterlage ist. Rosen werden so tief wie möglich veredelt, um jede Wildtriebbildung aus der Unterlage zu verhüten, deshalb sind sie tief genug freizulegen.

Die Augen werden an einer möglichst glatten Stelle der Unterlage auf der Windseite, also der Westnordwestseite, eingesetzt, damit der Wind die jungen Edeltriebe nicht so leicht ausbricht. In der Baumschule werden aus diesem Grunde die Reihen bereits in Ostwestrichtung angelegt, so daß die Edeltriebe in die Reihen stehen. Rechtzeitig vor der Veredlungszeit sind die *Unterlagen vorzubereiten.* Die im Winterhalbjahr aufgepflanzten Unterlagen müssen bis zum Abschluß der Veredlungszeit gut im Trieb bleiben. Deshalb muß alles verhindert werden, was das Triebwachstum der Unterlage beeinträchtigt. Durch ständige Hackarbeit und Unkrautbekämpfung ist die Bodenfeuchtigkeit zu erhalten. Schädlingsbefall, insbesondere

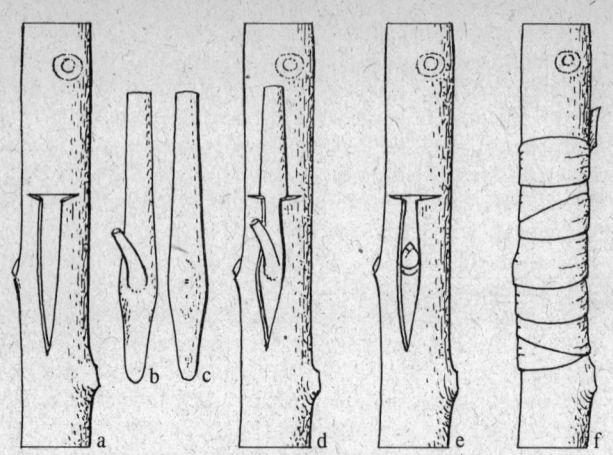

Abb. 11 Okulation
a Unterlage mit gelösten Rindenlappen; b Edelauge
von vorn; c Edelauge von hinten, im unteren Drittel
der Augenkern; d Auge hinter die Rinde der Unterlage
geschoben; e Blattstiel entfernt, überstehender
Rindenstreifen des Auges abgetrennt;
f Veredlung mit Folienband verbunden

der Befall mit Blattläusen, ist durch geeignete Maßnahmen zu verhindern bzw. einzuschränken. In trockenen Sommern ist nach Möglichkeit 3 bis 4 Wochen vor dem Veredlungstermin durchdringend zu wässern. Ungefähr 14 Tage vor Beginn des Veredelns sind die Unterlagen etwa 25 cm hoch mit einem scharfen Messer von Wildaugen und Seitentrieben zu säubern. Als letzte Vorbereitung werden die Veredlungsstellen unmittelbar vor dem Okulieren mit einem Stofflappen von Schmutz und Erde gereinigt. Zugleich werden die benötigten Edelreiser geschnitten und in einem feuchten Tuch aufbewahrt.

Die Okulation besteht aus folgenden Arbeitsgängen:
– Herausschälen eines Auges aus dem Reis,
– Herauslösen des Holzschildes aus dem Edelauge,
– Anbringen eines T-Schnittes an der Unterlage,
– Lösen der Rindenlappen an der Unterlage,

– Einsetzen und Einschieben des Auges hinter die Rinde,

– Verbinden der Veredlung.

Im einzelnen sehen die Arbeitsgänge folgendermaßen aus:

Das Edelreis wird in die linke Hand genommen, mit der Spitze zum Körper. Die Hand faßt es von unten, unterhalb der Stelle, an der das Auge entnommen werden soll. Daraufhin setzt man das Messer mit Mitte der Klinge etwa 1,5 bis 2 cm unterhalb des Auges im spitzen Winkel (60°) senkrecht zur Triebachse an, drückt es leicht bis auf das Holz durch, kippt dann die Klinge nach hinten, so daß sie sich etwa waagerecht, parallel zur Triebachse befindet. Mit einem flachen ziehenden Schnitt führt man das Messer bis etwa 3 cm oberhalb des Auges und reißt dieses mitsamt der abgetrennten Rinde vom Reis, so daß ein längerer Rindenstreifen an ihm verbleibt. Damit dieser nicht zu lang wird, kann man 5 cm oberhalb des Auges einen kleinen Querschnitt anbringen, an dem der Rindenstreifen abreißt. – Mit der *Entnahme der Augen* beginnt man an der Spitze des Reises. Augen von der ungenügend ausgereiften Triebspitze sowie Basisaugen werden nicht verwendet. – Das Auge wird nun von der linken Hand übernommen, indem Daumen und Zeigefinger den Blattstielstumpf am Blattkissen fassen und der Rindenstreifen von kleinem Finger und Ringfinger gegen den Daumenballen gedrückt wird.

Beim Herausschälen des Auges aus dem Edelreis verbleibt gewöhnlich ein *Holzschild* am Rindenschild. Dieser bietet die Gewähr dafür, daß sich an der Rinde noch Kambiumgewebe befindet. Starke Holzschilde müssen auf jeden Fall entfernt werden, da sie das Verwachsen von Auge und Unterlage behindern. Zu diesem Zweck wird zuerst der sich meist abhebende Holzspan oberhalb des Auges abgezogen. Weil dabei der untere Teil des Schildes gewöhnlich nicht mit abgeht, drückt man mit dem Blatt des Messers das untere Ende des Rindenschildes herunter, so daß sich Holz und Rinde voneinander lösen, fährt mit der Messerschneide leicht unter den Holzschild, drückt ihn gegen den Daumen, hebt ihn unter leichtem Zug nach vorn an und löst ihn nach hinten ab. Das Her-

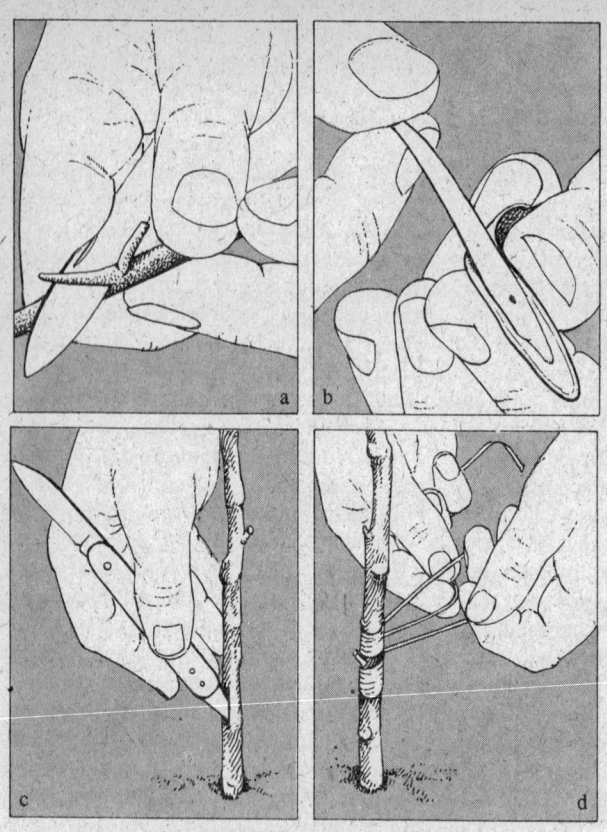

Abb. 12 Arbeitsvorgänge beim Okulieren
a Das Edelauge wird aus dem Reis herausgeschält;
b Der Holzspan wird aus dem Rindenschild gelöst;
c Die Rindenlappen werden gelöst;
d Das Folienband wird verknotet

auslösen des Holzschildes kann man unterstützen, indem man mit Daumen und Zeigefinger der linken Hand den Rindenschild seitlich leicht zusammendrückt. Beim Herauslösen darf auf keinem Fall der Augenkern (Markbrücke) beschädigt oder herausgerissen werden. Der Augenkern stellt die Verbindung des Auges mit dem

Holzkörper des Reises bzw. Triebes und nach dem Veredeln mit dem der Unterlage her. Fehlt er, so kann das Auge nicht austreiben. Das Herauslösen ist um so gefahrloser möglich, je dünner der verbleibende Holzspan ist.

Nun wird in der Unterlage der *T-Schnitt angebracht*. Hierzu führt man mit kurzem ziehendem Schnitt erst den Quer-, dann den Längsschnitt bis auf das Holz aus. Beim Abheben des Messers nach dem Längsschnitt drückt man mit des Messers Schneide auf der linken Seite leicht gegen die Rinde, so daß sie sich dort etwas vom Holz löst.

Daraufhin fährt man mit dem Löser des Messers leicht gegen den bereits gelockerten und den noch festen Rindenlappen von der Berührungsstelle von Quer- und Längsschnitt her und löst sie entlang dem Längsschnitt. Die *Rindenlappen* sollen gerade soweit *gelöst* werden, daß man den Rindenschild des Edelauges ohne Mühe dahinterschieben kann. Je weniger man mit dem Löser die Rinde anhebt, um so fester sitzt das Auge. Wird die Veredlung zum rechten Zeitpunkt durchgeführt, so kann man das Auge ohne Schwierigkeiten einschieben.

Das *Edelauge*, das sich noch immer zwischen Daumen und Zeigefinger der linken Hand befindet, wird nun *in die Unterlage eingesetzt*, d. h. soweit hinter die gelösten Rindenlappen geschoben, daß sich oberhalb und unterhalb des Auges ein gleich langes Stück Rindenschild hinter den Rindenlappen der Unterlage befindet. Zum Einschieben muß man mitunter den Löser bzw. den Messerrücken zu Hilfe nehmen. Dieser wird waagerecht gegen den Blattstielgrund gesetzt und das Auge in die rechte Lage geschoben. Dabei darf das eigentliche Auge nicht beschädigt werden. Nachdem das Auge eingesetzt ist, wird der über den Querschnitt hinausragende Rindenstreifen durch einen wiegenden-drückenden Schnitt in den Querschnitt abgetrennt.

Nach dem Einsetzen des Edelauges muß die *Veredlung* so schnell wie möglich *verbunden* werden, damit sie nicht austrocknet oder Staub auf die Wunde gelangt. Zum Verbinden benutzt man heute überwiegend Folienband unterschiedlicher Breite und Länge.

Man kann den Verband von unten oder oben beginnen. Beim *Verbinden von unten* wird das glattgestrichene Band unterhalb der Veredlung von vorn gegen den Unterlagenstamm gelegt, so daß das kurze Ende nach links, das lange nach rechts zeigt. Nun wird das Band spiralförmig fest um die Unterlage gewickelt, so daß die Lagen lückenlos übereinander liegen. Man verfährt dabei so, daß das Band hinter der Unterlage von der rechten in die linke Hand unter gleichzeitigem Festziehen übergeben, von der linken Hand nach vorn geführt und dabei von der rechten Hand übernommen wird usf. Das kurze Ende muß bereits bei der ersten Wicklung eingebunden werden. Fester Verband ist unbedingt notwendig, damit die Wundflächen von Unterlage und Edelauge dicht aufeinander liegen.

Wird mit Bast verbunden, müssen Auge nebst Blattstiel frei bleiben. Bei Folienverband wird das Auge mit eingebunden, nachdem der Blattstiel zuvor am Reis oder sofort nach dem Einsetzen nach unten zu abgerissen wurde. Unter Umständen kann der Blattstiel auch mit eingebunden werden. Auf das Anwachsen des Auges wirkt sich das Fehlen des Blattstieles nicht nachteilig aus, man kann jedoch nicht kontrollieren, ob das Auge angewachsen ist, was sich durch Abfallen des Blattstieles bemerkbar macht.

Wenn die gesamte Veredlung sorgfältig verbunden ist, wird das freie Ende des Bandes, ohne im Zug nachzulassen, noch einmal um die Unterlage geschlungen, Daumen und Zeigefinger der linken Hand halten die Schlinge offen, und mit der rechten Hand wird das freie Ende einmal durch die Schlinge gesteckt und fest angezogen.

Der Verband von oben wird sinngemäß angelegt.

Für den Verband von unten spricht der Umstand, daß der Knoten am Schluß des Verbandes oberhalb des Auges gemacht wird und bei mangelhaftem oder zu spätem Lösen der Verband oberhalb der Veredlung stärker einschneidet, so daß die Unterlage schlimmstenfalls über dem Auge abbrechen kann, die Veredlung jedoch erhalten bleibt. Diese Gefahr ist jedoch bei Verwendung des elastischen Folienbandes sehr gering. Gegen den Verband von unten und damit für den Verband von oben spricht, daß bei unaufmerksamem Verbinden von unten oder zu weitem Lösen der Rindenlappen an der Unterlage das Auge nach oben aus dem T-Schnitt heraus, beim Verbinden von oben aber in den T-Schnitt hineingedrückt wird.

Selbstklebendes Veredlungsband wird ähnlich dem Folienband angelegt, nachdem der Blattstiel entfernt wurde. Statt das Band am Schluß des Verbandes zu verknoten, reißt man es von der Rolle ab und drückt das freie Ende auf der letzten Schlinge fest.

Der ganze Veredlungsvorgang ist sorgfältig, sauber und schnell durchzuführen. Von den Schnitt- und Schälwunden muß jeder Schmutz ferngehalten werden; sie dürfen auch nicht mit den Fingern berührt werden. Nach starkem Tau und bei Regenwetter ist das Veredeln zu unterlassen, da sonst leicht Wasser in die Wunde eindringt und das Anwachsen verhindert. Schnelles Arbeiten ist besonders bei heißem, trockenem und windigem Wetter erforderlich. Ein *Verstreichen der Veredlung* gegen die Okuliermücke mit Baumwachs, wie beim Bastverband, erübrigt sich bei Verwendung von Folienband und selbstklebendem Veredlungsband.

Stehen als Verbandmaterial *Gummiplättchen* (Okulationsschnellverschlüsse) zur Verfügung, so ergeben sich einige Abweichungen von der bisher beschriebenen Technik. Der Verband muß so breit sein, daß die Veredlungsstelle unten und oben ausreichend überdeckt ist. Damit der Gummiverband stramm und lückenlos anliegt, ist es auch

Abb. 13 Gummiverband bei Okulation von Buschrosen

53

hier zweckmäßig, den Blattstiel vor dem Verbinden zu entfernen.

Das Anlegen des Gummiverbandes sieht folgendermaßen aus: Das Gummiplättchen wird mit der Mitte auf das stiellose Auge gelegt, die mit der Drahtklammer versehene Seite nach rechts oder links, Klammeröffnung nach außen. Beide Seiten werden straff um die Unterlage herumgezogen und die Klammer in die freie Seite eingestochen. Das Ganze dauert Sekunden.

Der Verband darf nicht mit Erde bedeckt werden; er muß frei bleiben, wenn er verrotten und dem Durchstoßen des Auges keinen Widerstand entgegensetzen soll. Ist das Material jedoch bereits spröde, empfiehlt es sich, Wurzelhalsveredlungen anzuhäufeln, damit die Zersetzung des Gummiplättchens verzögert wird.

Okulation auf treibendes Auge

Die Technik dieser Veredlung ist die gleiche wie die der Okulation auf schlafendes Auge. Der Unterschied besteht lediglich in der Veredlungszeit. Die Veredlung wird in den Monaten Mai bis Juli im Freiland ausgeführt. Man wendet sie z. B. bei Varietäten von *Betula* und *Acer negundo* an, die bei Sommerokulation nur schwer oder nur zu einem geringen Prozentsatz wachsen.

Die Augen werden bei *Betula*-Varietäten von vorjährigen Trieben gewonnen, bei *Acer negundo* von genügend ausgereiften diesjährigen Trieben. Bei vorjährigen Trieben verwendet man die nicht ausgetriebenen Knospen am unteren Triebteil. Verbunden wird mit Folienband.

Kreuzschnittokulation

Die Okulation mit Kreuzschnitt wird bei besonders dickrindigen und starkknospigen Gehölzen, wie *Aesculus, Acer* und *Catalpa*, durchgeführt. Hier wird an der Unterlage statt eines T-Schnittes ein Kreuzschnitt angebracht, wodurch sich das Auge besser in die Unterlage einfügen soll, als es mit dem T-Schnitt möglich wäre. Das Edelauge wird nicht mit einem Rindenstreifen abgerissen, sondern einschließlich eines 3 cm langen Rindenschildes gänzlich

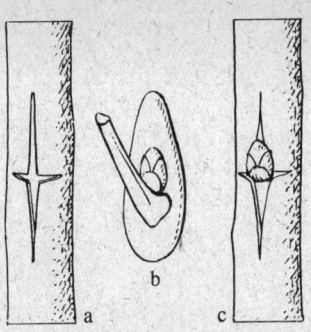

Abb. 14 Kreuzschnittokulation
a Kreuzschnitt in der Unterlage angebracht und
Rindenlappen gelöst; b Augenschild; c Auge eingesetzt
und Blattstiel entfernt

aus dem Edelreis herausgeschält. Nach dem Lösen der
Rindenlappen an der Unterlage wird es erst nach oben,
dann nach unten hinter die Rinde geschoben, so daß es
inmitten des Kreuzungspunktes der Schnitte zu stehen
kommt. Die weitere Behandlung ist die gleiche wie bei
der gewöhnlichen Okulation.

Ringokulation

Dieses Veredlungsverfahren ist zur Zeit nur bei Walnuß-
veredlungen im Freiland gebräuchlich. Es kann nur in
klimatisch günstigeren Gebieten durchgeführt werden als
sie die DDR aufweist.

Doppelokulationen

Der Vollständigkeit halber sei auch auf diese Verfahren
hingewiesen. Sie wurden entwickelt, um bei Birnenveredl-
lung auf Quittenunterlage Zwischenveredlungen mit ihrer
zeitlichen Verzögerung überflüssig zu machen. Mit ihrer
Hilfe soll jedoch der gleiche Effekt erzielt werden. Die
»Zwischenveredlung« besteht hier aus einem schmalen
Gewebestück der verträglichen Sorte, das zwischen Holzkörper der Unterlage und Edelauge geschoben wird. Be-

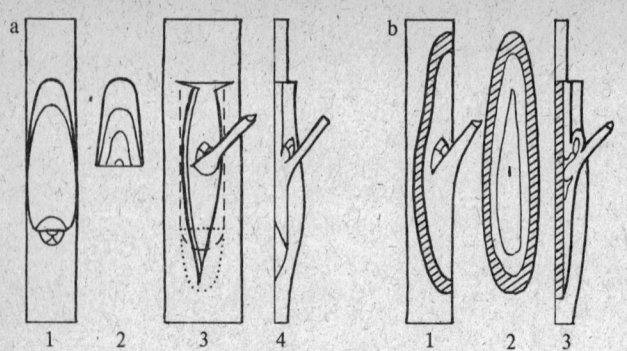

Abb. 15 Doppelokulationen
a Doppelokulation nach TUBBS
1 Einschnitte in das Reis der Zwischenveredlungssorte;
2 herausgelöster Span der Zwischenveredlungssorte; 3 Span
und Edelauge eingesetzt, von vorn; 4 Span und Edelauge
eingesetzt, von der Seite
b Nicolieren
1 Einschnitte in ein Reis der Zwischenveredlungssorte;
2 herausgelöste Nicolierscheibe; 3 Nicolierscheibe und
Edelauge eingesetzt, von der Seite

reits die Einschaltung dieser schmalen Gewebestücke
und die von hier ausgehende Gewebebildung ist in der
Lage, die Unverträglichkeit zu unterbinden und die mechanische Festigkeit der Partner zu erhöhen.

Anplatten von Augen

Eine Abwandlung der Okulation ist das Anplatten von
Augen, welches unabhängig vom Lösen der Rinde sowohl
im Sommer als auch im Frühjahr, also auf schlafendes
oder treibendes Auge, vorgenommen werden kann. Das
Auge wird so flach wie möglich aus dem Edelreis herausgeschält. Daraufhin wird an der Unterlage mittels des von
oben angesetzten Messers ein entsprechend langer und
breiter flacher Einschnitt angebracht und die so entstandene Rindenzunge am unteren Ende gerade abgeschnit-
ten. Auf die freigelegte Schälfläche wird das Auge aufge-

setzt, der Rindenschild am unteren Ende geradegeschnitten und das ganze fest verbunden. Bei Bastverband ist Verstreichen mit Baumwachs angeraten.

Das Verfahren wird angewendet, um die Veredlungsperiode zu verlängern und um Fehlstellen schnellstens nachveredeln zu können, auch wenn die Rinde nicht mehr löst, z. B. bei ausgefallenen Okulationen auf M 9 oder Rosenhochstamm-Okulationen, die über Winter abgestorben sind.

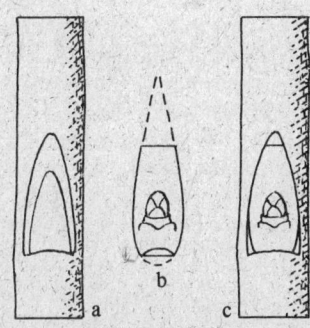

Abb. 16 Anplatten von Augen
a Schälschnitt an der Unterlage angebracht;
b Augenschild zugerichtet; c Auge angesetzt

Reiserveredlungen

Hierbei wird statt eines einzelnen Auges ein Reis mit wenigstens einem, gewöhnlich 3 oder 4, aber nicht mehr als 6 Augen mit der Unterlage vereinigt. Von Bedeutung bei der Reiserveredlung ist der Umstand, daß mehrere Augen und außerdem nährstoffreiche Reiser für eine sofortige Kronenbildung zur Verfügung stehen. Reiserveredlungen können sowohl während der Vegetationsruhe als auch während der Vegetationszeit durchgeführt werden. Je nachdem, ob dabei angeschnittene Holzteile von Reis und Unterlage aneinandergefügt werden oder das Reis hinter die gelöste Rinde der Unterlage geschoben wird, unterscheiden wir Holz- und Rindenveredlungen. Die *vorbereitenden Arbeiten* zu den Reiserveredlungen bestehen im Beschaffen und Zuschneiden der Edelreiser sowie im Vorschneiden der Unterlagen (der Stammbildner) auf die erforderliche Stammlänge bzw. im Abwerfen der Unterlagenkronen.

Ein Teil der Edelreiser wird aus dem Einschlag genommen bzw. frisch geschnitten, in ein Tuch eingeschlagen und am Veredlungsplatz aufbewahrt. Dann werden mehrere Edelreiser mit der Baumschere zu Veredlungsreisern (Pfropfreisern) zerteilt. Die Länge der Veredlungsreiser richtet sich nach der Anzahl der zur Verfügung stehenden Edelreiser und dem Zweck der Veredlung. Bei Freilandveredlung von Obst sollen sie wenigstens 3 und nicht mehr als 6 Augen aufweisen. Bei Haus- und Handveredlungen kommt man gewöhnlich mit 1 bis 3 Augen aus.

Von den Edelreisern verwendet man nur die gut ausgereiften mittleren Triebteile mit gut entwickelten Augen. Die nicht ausgereiften Triebspitzen und die Triebbasen mit nur ungenügend entwickelten Augen, die durch den Wintereinschlag zudem oft in Mitleidenschaft gezogen wurden, werden entfernt. Man benötigt stets eine größere Anzahl solcher Reiser für die verschieden starken Unterlagen.

Holzveredlungen

Bei Holzveredlungen müssen Unterlage und Reis so angeschnitten werden, daß sich Holz- und Rindenkörper möglichst lückenlos decken. Nur dadurch können die Wundgewebe auf dem schnellsten Wege miteinander verwachsen, und der Erfolg der Veredlung ist gewährleistet. Saubere Ausführung ist jedoch erforderlich. Vor allem bei der Geißfußveredlung gehören viel Geschick und ein sicheres Auge dazu, die Anschnitte am Reis und den Einschnitt in die Unterlage so auszuführen, daß beide Teile gut aufeinanderpassen. Holzveredlungen werden vorwiegend während der Vegetationsruhe in den Monaten Januar bis März vorgenommen.

Die Kopulation ist die gebräuchlichste und bekannteste Winterveredlung. Sie wird sowohl im Freiland als auch bei Haus- und Handveredlungen angewendet und dient der Anzucht von Obstgehölzen, einer Reihe von Ziergehölzen und Koniferen.

Veredlungszeit im Freiland ist von Ende Januar bis Mitte März. Die Reiser dürfen noch nicht angetrieben sein. Das gilt besonders für Steinobstreiser. Angetriebene Kernobstreiser kann man in vorgeschrittener Zeit, also Anfang bis Mitte März, unter Umständen noch verwenden, wenn sie frisch geschnitten sind und sofort übertragen werden. Um bei Steinobst sicher zu gehen, ist so zeitig wie möglich zu veredeln. Normale Winterfröste schaden auch bei zeitiger Ausführung den Freilandveredlungen nicht. Haus- und Handveredlungen werden je nach Gehölzart gewöhnlich in der Zeit von Januar bis April vorgenommen.

Die *Veredlungshöhe* ist je nach dem Anzuchtziel unterschiedlich. Bei Obst wird die Veredlung zumeist in Kronenhöhe im Freiland vorgenommen, selten und nur ersatzweise auf den Wurzelhals. Dagegen ist die Wurzelhalsveredlung bei Ziergehölzen ebenso von Bedeutung wie die Veredlung in Kronenhöhe. Handveredlungen erfolgen meist auf die Wurzel oder den Wurzelhals.

Unterlage und Veredlungsreis sollen möglichst gleichstark sein. Gegebenenfalls kann das Veredlungsreis etwas schwächer sein, doch ist dann darauf zu achten, daß sich hier wenigstens auf einer Seite die Kambium- bzw. die Rindenschichten decken.

Der Veredlungsvorgang spielt sich wie folgt ab:
– Anbringen des Kopulierschnittes an der Unterlage,
– Anbringen des Kopulierschnittes am Veredlungsreis,
– Zusammenfügen von Unterlage und Veredlungsreis,
– Verbinden bzw. Klammern der Veredlung,
– Verstreichen der Veredlungswunden.

Im einzelnen gehen die Arbeitsgänge wie folgt vonstatten:

Für die gegebene Unterlage wird ein passendes, *gleichstarkes Reis* ausgewählt. Dieses bewahrt man gesondert auf

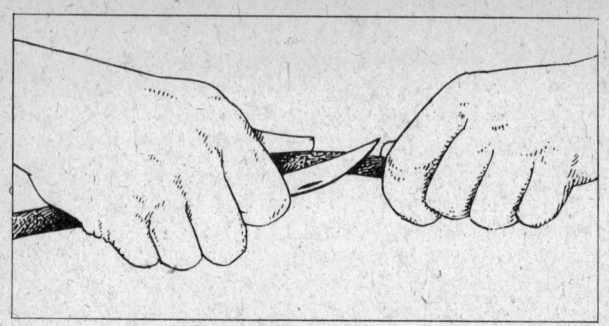

Abb. 17 Richtiger Ansatz des Messers
beim Kopulierschnitt

und bringt dann an der Unterlage einen möglichst langen, diagonal durch den Trieb verlaufenden *Kopulier-*
schnitt an. Bei gewöhnlichen mittelstarken Reisern soll er
eine Länge von 3 bis 4 cm aufweisen. Ferner soll er völlig
eben und an den Rändern nicht ausgefasert sein. Einen
derartigen Schnitt erreicht man durch folgende Schnittführung: Die Unterlage bzw. das Reis werden in die linke
Hand genommen, Handrücken nach oben. Die Spitze der
Unterlage bzw. das Fußende des Reises ragen etwa 8 bis
10 cm nach rechts aus der geschlossenen Hand heraus.
Die rechte Hand, Handrücken ebenfalls nach oben, umfaßt das Messer und führt es waagerecht gegen das Reis,
so daß es sich parallel zum Reis befindet, die Spitze etwas gegen den Körper gerichtet. Das Messer ist so am
Reis anzusetzen, daß sich gegenüber der Mitte des
Schnittes ein Auge befindet und die Schnittfläche rechtwinklig zur Achse des Auges verläuft. Durch ruckartiges
Auseinanderziehen beider Arme kommt ein einwand-
freier, glatter Schnitt zustande. Je winkliger das Messer
zum Reis angesetzt wird, um so hohler wird die Schnittfläche und um so weniger sicher wird eine enge Vereinigung von Unterlage und Reis erreicht werden. Nur wenn
völlig ebene, glatte und saubere Schnittflächen von Unterlage und Reis zusammenkommen, ist Gewähr für gutes
Anwachsen gegeben. Aus diesem Grunde ist auch ein
Nachschneiden oder Begradigen sowie ein Berühren der

Schnittflächen mit den Fingern zu unterlassen. Störende Triebe oder besonders kräftig entwickelte Augen an der Unterlage in der Nähe der Veredlungsstelle werden auf Beiaugen, d. h. unter Belassung eines ganz kurzen Zapfens, zurückgeschnitten.

Nachdem der Schnitt an der Unterlage ausgeführt ist, erhält das ausgewählte Reis ebenfalls einen Kopulierschnitt. Geübte Veredler erreichen bei gleichstarken Reisern stets gleichlange Schnittflächen, so daß beide Teile sicher aufeinanderpassen. Weniger geübte Veredler halten das Reis gegen die Unterlage, um daran etwa die Länge des Schnittes abzunehmen. Danach wird der Zapfen über dem obersten Auge dicht über diesem entfernt. Hierzu wird das Messer gegenüber dem Blattkissen angesetzt und schräg aufwärts gezogen, so daß der Schnitt unmittelbar oberhalb der Knospenspitze endet.

Nun umfaßt die linke Hand die Unterlage unterhalb des Kopulierschnittes, während die rechte Hand das Reis mit seiner Schnittfläche gegen die der Unterlage legt. Dabei sollen sich die *Schnittflächen völlig* decken, besonders die

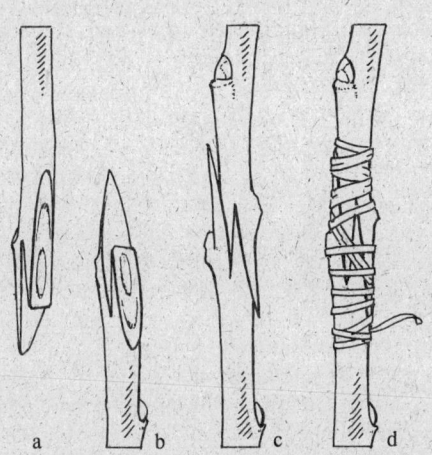

a   b   c   d

Abb. 18 Kopulation mit Gegenzungen
a Zugeschnittenes Edelreis; b zugeschnittene Unterlage;
c Unterlage und Edelreis zusammengefügt;
d Veredlung verbunden

Rinden- und Kambiumschichten, da nur von hier aus die Verwachsung erfolgt. Das oberste Auge der Unterlage und das unterste des Reises sollen sich möglichst gegenüberstehen. Daraufhin drückt der Zeigefinger der linken Hand das Reis gegen die Unterlage, und die rechte Hand faßt nach dem Veredlungsband.

Eine Verbesserung der gewöhnlichen Kopulation ist die *Kopulation mit Gegenzungen.* Durch diese erhält die Veredlung eine größere mechanische Festigkeit. Weil die Berührungsflächen zwischen den Kambiumschichten von Unterlage und Veredlungsreis größer sind, ist auch die Verwachsung inniger.

Soweit angängig, sollte man von der Kopulation mit Gegenzungen Gebrauch machen. Man erzielt die Gegenzungen, indem man zwischen dem 1. und 2. Drittel der Schnittfläche, von der Spitze an gerechnet, quer zur Schnittfläche und parallel zur Triebachse einen Einschnitt anbringt. Die dabei entstehenden hinteren Holzzungen (auf der stumpfen Seite des Veredlungsschnittes) werden in den Einschnitt der Gegenseite geschoben, bis sich Rinde und Kambium von Unterlage und Veredlungsreis decken, so daß beide Teile fest aneinander haften und sich beim Verbinden nicht verschieben.

Zum *Verbinden* dient Folienband, aber auch Bast und selbstklebendes Veredlungsband. Folienband und Bastfäden werden je nach Dicke der Veredlungspartner zuvor in 25 bis 35 cm lange Streifen geschnitten, gebündelt und am Gürtel befestigt. Zum Verbinden wird das Band von vorn oben gegen die Unterlage gelegt, das Ende in die nächste Lage eingebunden und dann das Band im Uhrzeigersinn von oben nach unten mehrmals fest um die Veredlung geschlungen. Bei Verwendung von Folienband und selbstklebendem Veredlungsband müssen sich, wie beim Okulieren, die einzelnen Lagen lückenlos decken. Strammer Sitz ist unbedingt nötig, damit die Schnittflächen auch dicht aneinanderliegen. Unterhalb der Veredlung werden Folienband und Bast verknotet, indem das lose Ende einmal durch eine von Daumen und Zeigefinger offengehaltene Schlaufe gesteckt und festgezogen wird. Der Verband muß so fest sein, daß das Reis bei Nachprüfung nur schwer herausgezogen werden kann.

Abb. 19 Ansatz von Heftklammern beim Kopulieren

Anstelle des Folien- oder Bastverbandes eignen sich auch *Heftklammern.* Die Klammern werden mit der Heftzange auf den schmalen Seiten von Reis und Unterlage einge-setzt. Damit dies ohne Verletzung der Augen vonstatten geht, dürfen sich, abweichend von dem oben beschriebe-nen Verfahren, auf der dem Schnitt gegenüberliegenden Seite von Reis und Unterlage keine Augen befinden. Die Klammern müssen senkrecht eingesetzt werden, damit sie nach dem Einwachsen den Saftstrom nicht behin-dern.

Anschließend wird die Veredlung *mit Baumwachs verstri-chen.* Auch hier ist saubere und sorgfältige Arbeit wichtig. Verstrichen werden alle offenliegenden Schnittwunden, sowohl an der Veredlungsstelle selbst als auch die Schnittstellen am Kopf des Edelreises und an der Unter-lage bis 20 cm unterhalb der Veredlungsstelle.

Verbinden mit Weichfolienband hat den Vorteil, daß sich ein Baumwachsverstrich erübrigt. Vorbedingung dazu ist, daß Reis und Unterlage gleichstark sind. Die elastische Weichfolie ermöglicht dann einen völlig dichten Ver-schluß. Lediglich der Kopfschnitt des Edelreises und Schnittstellen unterhalb der Veredlungsstelle werden noch mit Baumwachs bedeckt.

Ist die Unterlage bereits wesentlich stärker als das Veredlungsreis, aber noch nicht so stark, um die Geißfußveredlung durchführen zu können, oder ist diese nicht geläufig, so kann durch Anschäften veredelt werden. Hierzu wird der Kopf der Unterlage glattgeschnitten, evtl. mit leichter Neigung nach hinten. Sodann wird an diesem ein Kopulierschnitt angebracht, der nicht durch den ganzen Sproß geht, sondern nur eine Schnittfläche freilegt, die dem Kopulierschnitt am Reis entspricht. – Im Gegensatz zum Kopulieren muß beim Anschäften das Reis vor der Unterlage zugerichtet werden, um den Schnitt an der Unterlage nach dem Schnitt am Reis bemessen zu können. – Beim Zusammenfügen von Unterlage und Vered-

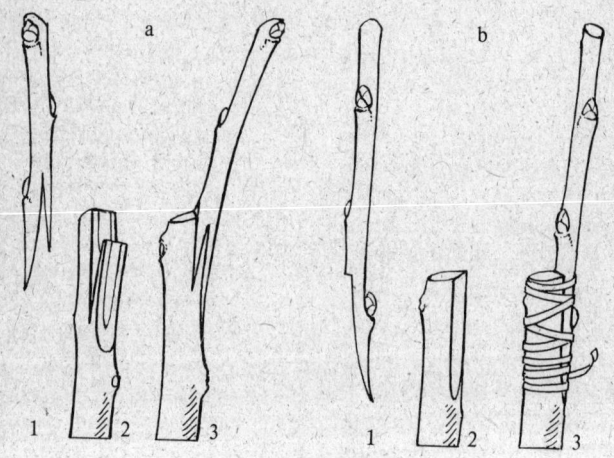

Abb. 20 Anschäften
a Anschäften mit Gegenzungen
1 Zugeschnittenes Reis; 2 zugeschnittene Unterlage;
3 Unterlage und Reis zusammengefügt
Zu beachten ist der leicht geschrägte Kopfschnitt
der Unterlage.
b Sattelschäften
1 Reis mit Sattelschnitt; 2 zugeschnittene Unterlage,
3 Unterlage und Reis zusammengefügt und verbunden

lungsreis soll die Schnittfläche des Reises mit einer schmalen Rindenzunge über den Kopfschnitt der Unterlage hinausragen, damit von hier aus die Verheilung der Kopfwunde unterstützt wird. Das Verbinden und Verstreichen erfolgt wie bei der Kopulation. Wie dort ist das Anschäften auch *mit Gegenzungen* möglich.

Eine weitere Abwandlung ist das *Sattelschäften*, mit dem ebenfalls versucht wird, Schnelligkeit und Festigkeit der Verwachsung zu fördern. Hierbei muß am Reis ein Sattelschnitt angebracht werden. Nachdem am Reis ein Kopulierschnitt ausgeführt ist, wird an dessen oberem Ende, quer und senkrecht zur Triebachse, ein Einschnitt angebracht, der den Trieb zu etwa $1/3$ durchtrennt. Danach wird mit einem Längsschnitt von unten ein keilförmiger Span abgehoben. Der Kopulierschnitt an der Unterlage muß dem Schnitt am Reis vom Sattel bis zum unteren Ende entsprechen. Das Reis wird der Unterlage so angefügt, daß der Sattel dem Kopf aufsitzt.

Geißfußveredlung

Nächst der Kopulation ist die Geißfußveredlung die in der Baumschule zumeist angewandte Veredlungsart. Wie diese wird sie nur in der Vegetationsruhe von Januar bis März/April durchgeführt. Mit ihrer Hilfe werden Obstgehölze und eine Reihe baumartiger Laubgehölze, ferner feinere Laub- und Nadelgehölze veredelt, letztere meist als Haus- und Handveredlungen. Eine größere Rolle spielt die Geißfußveredlung bei der Umveredlung älterer Obstbäume.

Die Geißfußveredlung wird dort angewandt, wo die Unterlage erheblich stärker ist als das Veredlungsreis. Es ist jedoch darauf zu achten, – das trifft besonders beim Umveredeln zu –, daß die Rinde der Unterlage nicht dicker als 3 bis 4 mm ist, da sich sonst die Kambiumschichten von Unterlage und Reis nur ungenügend decken und die Verwachsung fraglich ist. Die Geißfußveredlung ist ohne Zweifel die technisch schwierigste Veredlungsart. Sie verlangt ein gutes Augenmaß und eine sichere Hand, wenn deckungsgleiche Schnitte an Unterlage und Reis erzielt werden sollen. Ihr Vorteil ist weitgehende mechanische

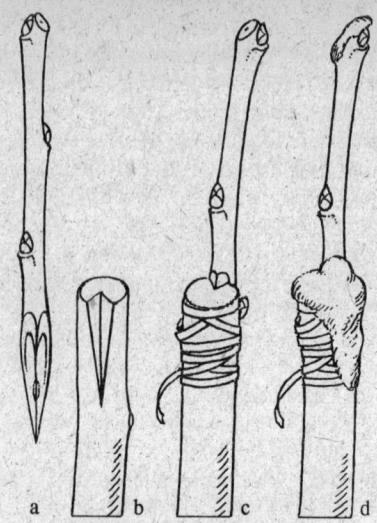

Abb. 21 Geißfußveredlung
a Geißfußförmig zugeschnittenes Reis von hinten;
b Unterlage mit keilförmigem Spalt;
c Unterlage und Reis zusammengefügt und verbunden;
d Veredlung mit Baumwachs verstrichen

Festigkeit durch das Einpassen des Reises in den Holzkörper der Unterlage, ohne daß dieser stärker verletzt
wird.

Die vorbereitenden Arbeiten sind die gleichen wie bei der
Kopulation.

Das Geißfußpfropfen besteht aus folgenden Arbeitsgängen:

– Glattschneiden des Pfropfkopfes,
– Zuschneiden des Veredlungsreises,
– Zuschneiden der Unterlage,
– Zusammenfügen von Unterlage und Veredlungsreis,
– Verbinden bzw. Klammern der Veredlung,
– Verstreichen der Veredlungswunden.

Durch das Abwerfen der Unterlagenkrone auf die erwünschte Höhe ist ein Kopfschnitt entstanden. Dieser
soll 1 bis 3 cm über einem Zugauge angelegt werden. Bei

schwächeren Köpfen darf die Schnittebene von der Veredlungsstelle zum Zugauge etwas abfallen, sonst soll sie senkrecht zur Sproßachse verlaufen. Da das Abwerfen im allgemeinen mit Schere oder Säge erfolgt, ist der Schnitt nicht glatt, sondern am Rand oft ausgefasert oder gequetscht. Deshalb ist er mit der Hippe zu glätten. Dabei darf der Rindenmantel nicht wesentlich tiefer zu liegen kommen als der Holzkörper. Am Kopf stehende Triebe, die die Veredlung behindern, werden auf Beiaugen, also unter Belassung eines kurzen Zapfens, zurückgeschnitten.

Nun wird ein der Stärke der Unterlage angemessenes Veredlungsreis ausgewählt und durch zwei Kopulierschnitte *geißfußförmig zugeschnitten.* Dies geht etwa wie folgt vonstatten: Reis und Messer werden wie beim Kopulieren in die Hand genommen, jedoch wird das Reis so gedreht, daß das unterste Auge nicht nach unten, sondern schräg nach vorn zeigt. Das Messer wird so angesetzt, daß die

Abb. 22 Geißfußveredlung
Der keilförmige Ausschnitt an der Unterlage
wird angebracht

Schneide außen neben dem Blattkissen liegt und sich die Messerebene im Winkel von 30° zur Achse des Auges befindet. Nach dem ersten Schnitt wird das Reis gedreht und ein zweiter diagonaler Kopulierschnitt ausgeführt. Beide Schnittflächen sollen gleich lang und gleich breit sein und sich im Winkel von 60° treffen. Das Auge selbst soll sich in der Mitte sowohl beider Schnittflächen als auch des Geißfußschnittes befinden. Die Länge des Veredlungsschnittes soll etwa 3 bis 4 cm betragen.

Anschließend ist aus der Unterlage ein *geißfußförmiger Spalt* herauszuschneiden, der dem Anschnitt des Reises entspricht und in den dieses genau hineinpaßt. Zu diesem Zweck hält man das Reis zuvor gegen die Unterlage, um Länge und Breite des Einschnittes abzunehmen. Daraufhin wird das Messer entsprechend schräg zur Sproßachse der Unterlage gegen den Pfropfkopf gelegt, die Schneide am Kopfschnitt gegen die Sproßmitte gerichtet. Die Messerspitze kennzeichnet gleichzeitig die untere Spitze des Veredlungsschnittes. Unter kräftigem, drückendem Zug nach oben gegen die Sproßmitte wird der erste Schnitt ausgeführt. Dann wird das Messer um 60° gedreht und der zweite Einschnitt in gleicher Weise vollzogen. Der geißfußförmige Span soll beim zweiten Schnitt von selbst herausspringen, sich zumindest ohne Nachschneiden herauslösen lassen. Der Spalt darf eher etwas enger als zu weit sein, denn erweitern läßt er sich immer noch. Die Innenkante des Pfropfspalts soll sich dabei möglichst gegenüber dem Zugauge der Unterlage befinden.

Nun werden *Reis und Unterlage zusammengefügt.* Das in den Spalt geschobene Reis soll so fest sitzen, daß es auch beim Schnellen der Unterlage nicht herausfällt. Das unterste Auge des Reises soll sich unterhalb des Kopfschnittes der Unterlage befinden. Dies ist bei einigen Ziergehölzen notwendig, damit die Veredlung besser wächst; hier wirkt das Auge gewissermaßen als Zugauge. Bei allen Gehölzen verhindert es aber, daß beim Abbrechen des Reises, was gewöhnlich über dem Pfropfkopf geschieht, die ganze Veredlung vernichtet ist. Die Schnittflächen auf der Rückseite des Reises sollen etwa 5 mm über den Kopfschnitt hinausragen. Dadurch werden die Verheilung

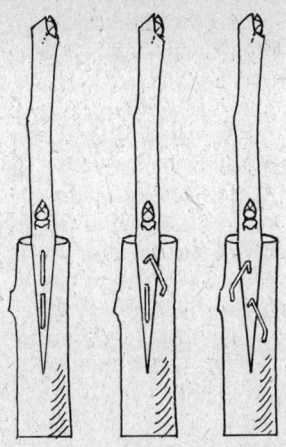

Abb. 23 Verschiedene Möglichkeiten,
bei Geißfußveredlungen Heftklammern anzubringen

dieser großen Wunde unterstützt und die mechanische Festigkeit der Veredlung erhöht.

Das *Verbinden* gleicht dem beim Kopulieren. Verwendet man Heftklammern, ist das Reis so zuzuschneiden, daß das unterste Auge oberhalb des Kopfschnittes liegt. Der Keilschnitt in der Unterlage muß so angelegt werden, daß das Zugauge mehr seitlich steht, damit die Heftzange ungehindert angesetzt werden kann.

Das *Verstreichen mit Baumwachs* ist besonders sorgfältig vorzunehmen, besonders auf dem Kopfschnitt, damit nicht von oben Regenwasser zwischen Reis und Unterlage eindringen kann. Schwächere Unterlagen werden beim Herausschneiden des Spans oftmals bis auf die Rückseite durchgetrennt. Deshalb ist der Pfropfkopf auch auf der Rückseite sauber zu verstreichen. Nach dem Verstreichen darf kein angeschnittener Holz- oder Rindenteil mehr zu sehen sein. Auch die Schnittwunden von Trieben, die in der Nähe des Pfropfkopfes entfernt wurden, sind zu verstreichen. Die weitere Behandlung der Veredlung ist die gleiche wie bei der Kopulation.

Spaltpfropfen ist eines der ältesten, wenn nicht das älteste Veredlungsverfahren. Es verbürgt zwar große mechanische Festigkeit der Veredlung, doch wird der Unterlage bis tief in den Holzkörper hinein eine klaffende Wunde zugefügt. Heute wird es in verschiedenen Abwandlungen bei einer Reihe schwachtriebiger und weichholziger Ziergehölze sowie bei verhältnismäßig dicktriebigen Koniferen angewendet. Der Spalt kann sowohl in der Unterlage als auch im Veredlungsreis angebracht werden, wobei diese ganz oder halb aufgespalten werden oder der Spalt flach unter dem Rindenmantel angelegt wird.

Der einzupfropfende Teil wird durch zwei möglichst lange Kopulierschnitte flach keilförmig zugeschnitten. Zum Pfropfen in den ganzen Spalt müssen die Schnittebenen im Querschnitt parallel verlaufen. Beim Pfropfen in den halben Spalt ist es angebracht, wenn sich die Schnittflächen auf einer Seite am Rindenmantel nähern

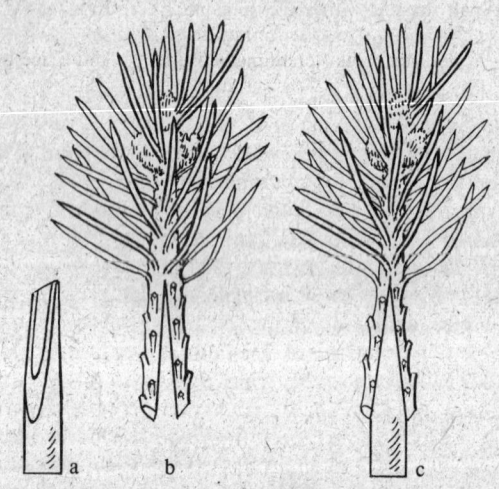

Abb. 24 Pfropfen in den ganzen Spalt – von unten –,
Hausveredlung von *Picea*
a Unterlage keilförmig zugeschnitten; b Reis gespalten;
c Unterlage und Reis zusammengefügt

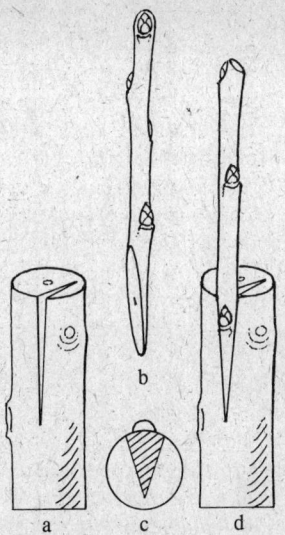

Abb. 25 Pfropfen in den halben (seitlichen) Spalt
a Spalt in der Unterlage angebracht; b Reis zugeschnitten;
c Querschnitt des Reises in
der Mitte des Veredlungsschnittes; d Unterlage und
Reis zusammengefügt

bzw. berühren, also ähnlich wie beim Geißfußschnitt, aber flacher als dort aufeinandertreffen.

Verbunden und verstrichen wird besonders sorgfältig, wie bei der Geißfußveredlung.

Lamellenveredlung

Dieses Veredlungsverfahren beruht auf der Anwendung der Rebveredlungsmaschine. Sie hat sich bei der Rebveredlung gut bewährt. Versuche mit Rosen-Hausveredlungen brachten ebenfalls gute Ergebnisse.

Für die Veredlung kann das Veredlungsreis ebenso stark oder schwächer sein wie die Unterlage, soll jedoch nicht schwächer als 7 mm sein. Durch senkrechtes Aufsetzen der genau quer durchgeschnittenen Reiser bzw. Unterlagen auf den jeweils dafür bestimmten Fräskopf der Ma-

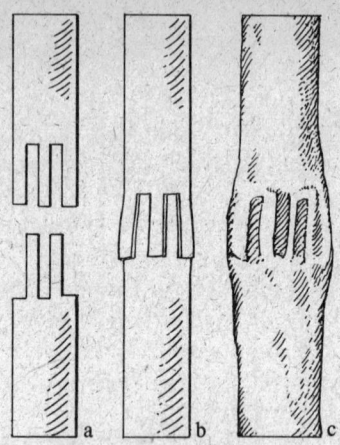

Abb. 26 Lamellenveredlung
a Reis und Unterlage mit eingefrästen Lamellen;
b Unterlage und Reis zusammengefügt;
c gewachsene Lamellenveredlung

schine werden in die Veredlungsstelle Lamellen einge-
fräst. Unterlage und Veredlungsreis werden danach so
ineinandergesteckt, daß sich die Kambiumschichten wenigstens einer Seite decken.

Anplatten

Das Anplatten oder Anplattieren ist hauptsächlich beim
Veredeln von Koniferen und immergrünen Laubgehölzen
unter Glas als Hausveredlung, also mit fest eingetopften
Unterlagen, am Wurzelhals üblich, seltener bei Beeren-
obststämmen im Freiland in Kronenhöhe. Es wird angewendet, wenn die Unterlage gleichstark oder nur wenig
stärker als das Veredlungsreis ist. Bei Koniferen und immergrünen Laubgehölzen wendet man es vorwiegend im
Winter und Nachwinter an; es ist aber ebensogut auch im
Spätsommer durchführbar.
Zum Veredeln erhält ein der gegebenen Unterlage ent-
sprechendes Veredlungsreis an geeigneter Stelle einen

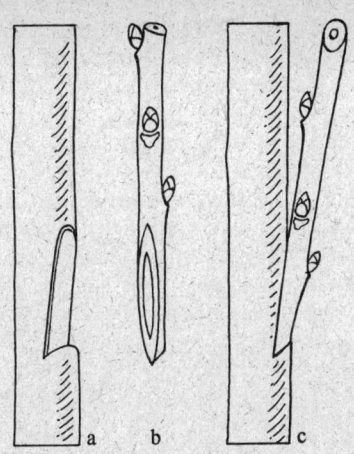

Abb. 27 Anplatten
a Anschnitt in der Unterlage angebracht;
b Reis zugeschnitten;
c Unterlage und Reis zusammengefügt

möglichst langen Kopulierschnitt. Am unteren Ende wird
das Reis leicht keilförmig eingekürzt. Die verbleibende
Schnittfläche soll je nach Stärke des Reises 2 bis 3 cm
lang sein. Nun wird an der Unterlage ein parallel zur
Sproßachse verlaufender Einschnitt angebracht. Zu diesem Zweck wird das Messer mit der Spitze von oben angesetzt und mit schiebendem Schnitt durch Rinde und
Holz eine Fläche freigelegt, die der Breite und Länge des
Schnittes am Reis entspricht. Bei Laubgehölzen beginnt
man mit dem Einschnitt dicht unterhalb der Ansatzstelle
eines Triebes. Die so erhaltene Zunge wird mit einem
kurzen, etwas nach unten gerichteten Schnitt abgetrennt.
Auf dem jetzt entstandenen keilförmigen Sattel sitzt das
Reis mit seinem keilförmigen Zuschnitt nach dem Zusammenfügen fest auf. Die Schnittflächen von Reis und
Unterlage sollen sich beiderseits völlig decken.
Nach dem Zusammenfügen von Unterlage und Reis wird
die Veredlung wie bei der Okulation von unten nach
oben verbunden. Bei Laubgehölzen werden anschließend

offene Wundstellen mit Baumwachs verstrichen, was bei Koniferen nicht erforderlich ist, da an den Wundflächen Harz austritt, der diese von der Außenluft abschließt.

Seitliches Einspitzen und Seitenstichpfropfen

Diese Veredlungsverfahren werden bei den gleichen Gehölzarten angewandt, für die auch das Anplatten in Frage kommt. Sie treten überall dort an seine Stelle, wo die Unterlagen wesentlich stärker sind als die Veredlungsreiser. Gegenüber dem Anplatten haben sie den Vorzug größerer mechanischer Festigkeit.

Am einfachsten durchzuführen ist das gewöhnliche *seitliche Einspitzen*. Wie beim Anplatten bringt man mit einem schiebenden Schnitt von oben her einen geraden, 2 bis 3 cm langen Einschnitt in der Unterlage an, durch den eine 4 bis 5 mm breite Zunge entsteht. Das Reis schneidet man mit einem kürzeren und einem längeren Kopulierschnitt keilförmig zu. Der kürzere Schnitt wird bei Laubgehölzen dicht unter einem Auge angesetzt. Länge und Breite sollen etwa dem Einschnitt in der Unterlage ent-

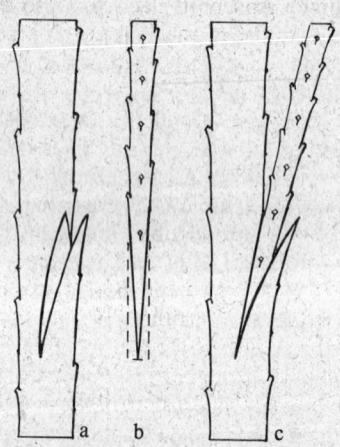

Abb. 28 Seitliches Einspitzen
a Einschnitt in der Unterlage angebracht;
b Reis zugeschnitten; c Reis in die Unterlage eingesetzt

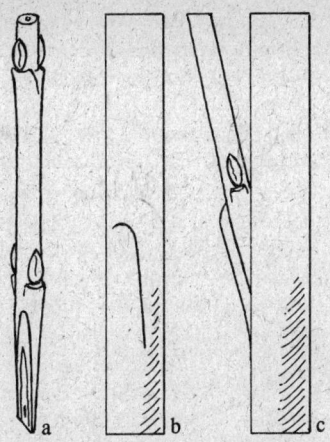

Abb. 29 Seitenstichpfropfung
a Reis zugeschnitten; b krückstockartiger Einschnitt
in der Unterlage angebracht; c Unterlage und Reis
zusammengefügt

sprechen. Hinter die Zunge der Unterlage wird das Reis
(mit dem kurzen Anschnitt nach vorn) so eingeschoben,
daß sich die Schnittflächen decken, zumindest die Rindenschichten auf einer Seite. Verbunden und verstrichen
wird wie beim Anplatten.

Die *Seitenstichpfropfung* wendet man bei besonders feinzweigigen Gehölzen an. Die Unterlage erhält an einer
glatten Stelle mit der von oben diagonal angesetzten Messerspitze einen krückstockartigen seitlichen Einschnitt,
der nur flach durch Rinde und Holz geht. Das Reis wird
wie beim seitlichen Einspitzen zugeschnitten, doch so,
daß sich auf der rechten Seite des Reises die Schnittflächen am Rindenmantel berühren. Durch leichtes Zurück-
biegen der Unterlage erreicht man, daß der Einschnitt etwas klafft und das Reis so eingeschoben werden kann, bis
sich die Rindenflächen auf der (linken) Außenseite dek-
ken.

Als Ablaktieren bezeichnet man eine Veredlungsart, bei der das Veredlungsreis mit der Unterlage zusammengefügt wird, ohne daß es, wie sonst üblich, von der Mutterpflanze getrennt ist. Die Trennung erfolgt erst, nachdem beide Teile völlig verwachsen sind.

Auch dieses Verfahren wird nur der Vollständigkeit halber erwähnt, da es recht umständlich und platzraubend ist und durch wirtschaftlichere Veredlungsverfahren im Gewächshaus ersetzt werden kann. Angewendet wird es gegebenenfalls bei einigen schwer wachsenden, feinzweigigen Varietäten der Gattungen *Betula, Carpinus, Corylus, Fagus und Ostrya* im Freiland.

Um die Mutterpflanze herum, die im Freiland fest eingewurzelt sein muß, werden geeignete Unterlagen in den freien Grund gepflanzt oder getopfte Unterlagen eingesenkt. Im Nachwinter oder zeitigen Frühjahr, nachdem die Unterlagen gut angewachsen sind, kann ans Veredeln gegangen werden. An einem als Edelreis geeigneten Zweig wird in passender Höhe und an passender Stelle eine 4 bis 6 cm lange, nicht ganz bis zur Triebmitte gehende Schnittfläche freigelegt. Eine ebensolche Schnittfläche erhält in gleicher Höhe auch die Unterlage, beide Schnittflächen sollen gleich lang sein. Beim Zusammenfügen von Reis und Unterlage ist darauf zu achten, daß sich die Rindenschichten wenigstens auf einer Seite decken und die Triebspitzen beider Teile nach oben zeigen. Zwecks größerer mechanischer Festigkeit kann die Veredlung auch mit Gegenzungen ausgeführt werden. Unterlage und Reis sind fest miteinander zu verbinden, damit die Schnittflächen dicht aufeinander liegen. Danach wird sauber mit Baumwachs verstrichen.

Rindenveredlungen

Rindenveredlungen setzen voraus, daß die Rinde der Unterlage vom Holz löst. Hinter diese Rinde wird das Veredlungsreis geschoben, das stets einen Kopulierschnitt erhält. Bei Rindenveredlungen liegt die Schnittfläche des Reises dem freigelegten Kambium der Unterlage auf, so daß auch bei weniger genauer Ausführung, abgesehen von dem notwendigen geraden und sauberen Kopulierschnitt, die Veredlung sicher anwächst, zumal sie während bzw. unmittelbar vor der Hauptwachstumszeit durchgeführt wird. Veredlungszeiten sind die Monate April bis Mai und Juli bis August.

Gewöhnliches Pfropfen hinter die Rinde

Dies ist die einfachste Rindenveredlungsart. Wie die meisten anderen Rindenveredlungen ist es eine Kopfveredlung, welche durchgeführt wird, wenn die Unterlage wesentlich stärker ist als das Veredlungsreis. Das gewöhnliche Pfropfen hinter die Rinde wird gleich den übrigen Rindenveredlungen vor allem zum Umveredeln älterer Obstbäume angewendet, in beschränktem Umfang auch in vorgeschrittener Jahreszeit bei Freilandveredlungen in der Baumschule sowie bei Hausveredlungen im Nachwinter und Frühjahr.

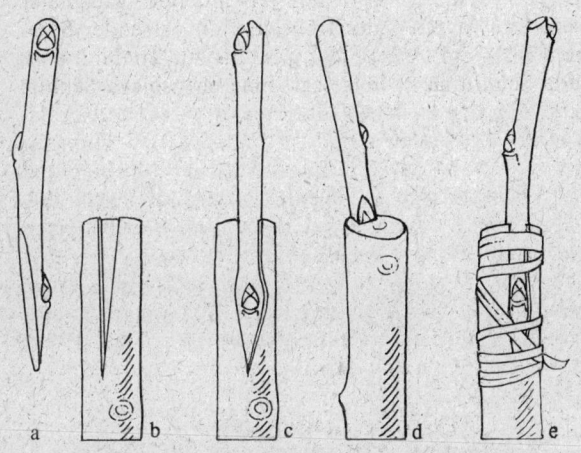

Abb. 30 Gewöhnliches Pfropfen hinter die Rinde
a Reis zugeschnitten; b an der Unterlage Rinde eingeschnitten und gelöst; c Reis hinter die Rinde geschoben; d dasselbe von hinten, die Schnittfläche des Reises soll den Pfropfkopf zwecks besserer Verheilung überragen; e Unterlage und Reis verbunden

Der mit Baumschere oder Säge dicht über einem Auge, einem Zweig oder einer Knospennarbe angelegte Kopfschnitt wird mit dem Messer geglättet. Sodann wird das Veredlungsreis wie beim Kopulieren zugeschnitten. Entsprechend der Länge des Kopulierschnittes wird an einer möglichst glatten Stelle des Pfropfkopfes parallel und zentral zur Sproßachse mit ziehendem Schnitt ein Einschnitt in die Rinde angebracht, der diese bis aufs Holz durchtrennt. Mit dem Löser des Okuliermessers, gegebenenfalls auch mit der Klingenspitze, werden die Rindenlappen vom Kopfschnitt her beiderseits so weit gelöst, daß das Reis, die Schnittfläche gegen den Holzkörper der Unterlage, eingesetzt werden kann. Es ist so weit einzuschieben, daß sich das untere Auge etwa 1 cm unterhalb des Kopfschnittes befindet, aber noch eine 5 mm lange Zunge der Schnittfläche über den Kopfschnitt hinausragt. Verbinden und Verstreichen gleichen dem bei der Geißfußveredlung. Das Verstreichen ist besonders sorgfältig vorzunehmen, da der mitunter austretende Saft das Haften des Baumwachses auf der Wunde beeinträchtigt und einen schwachen Belag beiseite drückt.

Sofern die Edelreiser nicht verdorben waren, wachsen Rindenveredlungen, da sie in der Vegetationszeit ausgeführt werden, außerordentlich sicher an.

Das gewöhnliche Rindenpfropfen hat einige beachtliche Nachteile, die besonders bei schwachen Pfropfköpfen und starken Reisern in Erscheinung treten. Die erwünschte enge Verbindung von Unterlage und Edelreis ist hier wegen der starken Rundung der Unterlage nur auf einer schmalen Zone möglich. Darunter leidet natürlich auch die mechanische Festigkeit der Veredlung. Auf Grund dessen wurden eine Reihe brauchbarer Verbesserungen entwickelt, deren bekannteste und beste nachfolgend beschrieben sind.

Rindenpfropfen mit einem seitlichen Anschnitt

Bei diesem Verfahren löst man nach dem Anbringen des Einschnittes in den Pfropfkopf nur einen Rindenlappen. Das Edelreis aber wird auf der Seite, die dem nichtgelösten Rindenlappen anliegen wird, rechtwinklig zum Ko-

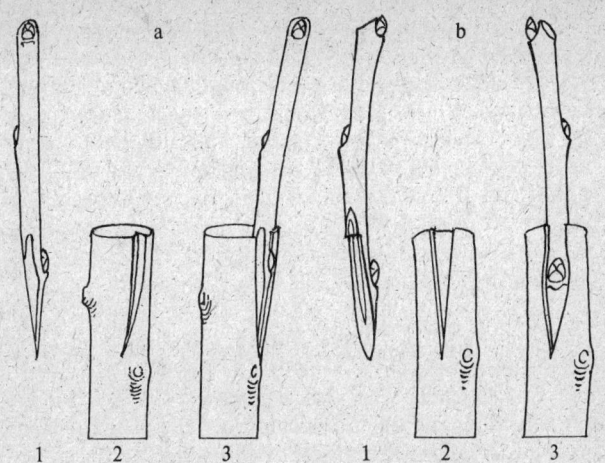

Abb. 31 Verbessertes Rindenpfropfen
a Rindenpfropfen mit einem seitlichen Anschnitt
1 Reis zugeschnitten; 2 Unterlage mit einseitig
gelöstem Rindenlappen; 3 Unterlage und Reis
zusammengefügt
b Rindenpfropfen mit Sattelschnitt
1 zugeschnittenes Reis; 2 Unterlage mit beidseitig
gelöstem Rindenlappen; 3 Unterlage und Reis
zusammengefügt

pulierschnitt und in dessen ganzer Länge leicht angeschnitten, ebenso auf der dem gelösten Rindenlappen
anliegenden Seite. Diese Anschnitte, die nur durch die
Rinde gehen sollen, müssen mit einem unbedingt scharfen Messer ausgeführt werden. Der Schnitt darf höchstens
das Kambium freilegen, aber nicht bis in Holz gehen. Sodann wird das Reis hinter den gelösten Rindenlappen geschoben, der seitliche Anschnitt dicht gegen den festste-
henden Rindenflügel. Die fertige Veredlung wird fest
verbunden und mit Baumwachs verstrichen.
Dieses Verfahren ermöglicht an drei Seiten eine unmit-
telbare Berührung der Kambiumschichten bzw. des
Wundgewebes von Unterlage und Reis, so daß die Verwachsung wirkungsvoller und die mechanische Festigkeit
größer ist als beim gewöhnlichen Rindenpfropfen.

Rindenpfropfen mit Sattelschnitt

Die Unterlage wird wie beim gewöhnlichen Rindenpfropfen behandelt. Das Reis aber erhält einen Sattelschnitt wie beim Sattelschäften. Danach wird das Reis soweit hinter die Rinde geschoben, bis der Sattel auf dem Kopfschnitt aufsitzt. Verbinden und Verstreichen erfolgen wie üblich. Der Anwachserfolg ist noch größer, wenn das Reis auf der Vorderseite leicht angeschnitten wird, doch soll der Schnitt nicht bis ins Holz gehen.

Tittelpfropfen

Das Tittelpfropfen[1] ist das Rindenveredlungsverfahren mit den größten Erfolgsaussichten. Es eignet sich besonders für Pfropfköpfe mit dicker Rinde. Die Nachteile des

1 »Tittel«-Pfropfen nach Bruno Tittel, obstbaulich interessiertem Landwirt aus Großerkmannsdorf, der dieses Verfahren vor etwa 70 Jahren entwickelte.

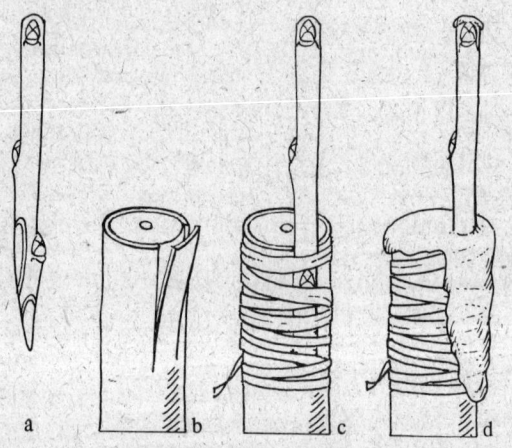

Abb. 32 Tittelpfropfen
a Zugeschnittenes Reis; b Unterlage mit zwei parallelen Schnitten versehen, Rindenzunge gelöst; c Unterlage und Reis zusammengefügt und verbunden; d Veredlung verstrichen

Rindenpfropfens sind hier weitgehend gemildert, da die Verwachsung auf vier Seiten vonstatten gehen kann. Es kommt fast ausschließlich für Umveredlungen im späten Frühjahr von Anfang April bis Ende Mai in Frage. Die Vorbereitungen zum Umpfropfen sind in dem Abschnitt »Umveredeln von älteren Obstbäumen« beschrieben.

Unmittelbar vor dem Umveredeln werden die *Pfropfköpfe auf die endgültige Länge* zurückgeschnitten, und zwar rechtwinklig zur Sproßachse, dicht über einem Zugauge, einem Zweig oder gegebenenfalls auch einer Zweignarbe. Gewöhnlich ist dieser Kopfschnitt an den Rändern mehr oder weniger ausgefasert. In diesem Fall ist der Rand der Schnittwunde mit der Hippe zu glätten. Dabei sind störende Zweige in der Nähe der Veredlungsstelle auf Beiaugen zurückzuschneiden. Über die Beschaffung und Beschaffenheit der Edelreiser wurde bereits informiert.

Die Veredlung geht wie folgt vonstatten:

Zuerst wird ein der Stärke des Pfropfkopfes angemessenes *Veredlungsreis* herausgesucht und mit einem *Kopulierschnitt* versehen. Da die Rinde zu dieser Zeit weich ist und sich beim Hinter-die-Rinde-Schieben leicht vom Holz löst, kürzt man die Rinde am unteren Ende des Reises etwas ein. Sodann wird die Rinde beiderseits längs des Kopulierschnittes, im rechten Winkel zu ihm, seitlich leicht angeschnitten, ebenso die Rinde unterhalb des Auges, welches wie üblich gegenüber der Mitte des Kopulierschnittes liegen soll.

Danach werden an einer glatten Stelle des Pfropfkopfes, in rechtem Winkel zum Kopfschnitt, *zwei parallele Schnitte* durch die Rinde ziehend bis auf das Holz geführt. Der Abstand der beiden Einschnitte muß mindestens der Dicke des Reises entsprechen. Zu diesem Zweck kann man vorher das Reis gegen den Pfropfkopf halten, um Länge und Abstand der Schnitte abnehmen zu können. Mit der Klingenspitze oder dem Löser des Okuliermessers wird dann die so entstandene Rindenzunge von oben etwas gelöst.

In den Spalt *zwischen Rindenzunge und Holz* schiebt man das vorbereitete Veredlungsreis, und zwar so weit, daß auf der Rückseite noch ein kleines Stück des Kopulierschnittes über den Pfropfkopf hinausragt, das Auge auf der Vorderseite aber wenigstens 1 cm unter dem Kopfschnitt liegt. Die vorn abstehende Rindenzunge wird mit einem wiegenden Schnitt dicht unter dem Auge durchtrennt.

Nun wird die Veredlung wie bei der Geißfußveredlung *verbunden* und sauber *verstrichen*. In vorgeschrittener Jahreszeit ist das Verstreichen besonders sorgfältig vorzunehmen, da infolge austretenden Saftes an den Schnittflächen der Unterlage das Wachs mitunter nicht sofort haftet oder beiseite gedrückt wird. Das Dickenwachstum des Pfropfkopfes ist oft so stark, daß der Verband bald gelöst und noch einmal nachgebunden werden muß, damit er nicht einschneidet oder das Reis abgedrückt wird.

Einspitzen hinter die Rinde

Diese Veredlungsart wird in Kronenhöhe vor allem bei der Anzucht hochstämmiger Stachel- und Johannisbeeren Ende Juli/Anfang August angewendet. Auch hierzu muß die Rinde der Unterlage lösen. Etwa 3 bis 4 Wochen vor dem Veredeln sind an der Veredlungsstelle die Austriebe der Unterlage auf Astring zu entfernen. Die Veredlungsstelle muß eine ungehinderte und sachgemäße Veredlung erlauben. Ihre Höhe muß den geforderten Stammlängen (nach TGL 7790/03) entsprechen und dabei noch eine Nachveredlung erlauben, die etwa 10 bis 15 cm tiefer erfolgt. Wenige Tage vor dem Veredeln werden die verbliebenen Seitentriebe der Unterlage etwas eingekürzt. Als Edelreiser sind gut ausgereifte, abgeschlossene Triebe zu verwenden, die kurz vor dem Veredeln geschnitten werden. Stacheln sind zu entfernen, ebenso Blätter bis auf die Blattstiele. Im übrigen werden sie behandelt wie Triebe zum Okulieren.

An einer glatten, günstigen Stelle der Unterlage unterhalb eines nach hinten stehenden Zugauges der Unterlage wird wie bei der Okulation ein T-Schnitt angebracht. Hinter die gelösten Rindenlappen wird das mit einem normalen Kopulierschnitt versehene, 4 oder 5 Augen enthaltene Veredlungsreis geschoben. Sollte die Rinde der Unterlage zu dick sein, so daß die Schnittfläche des Reises dem Holzkörper der Unterlage nicht anliegt, wird sie oberhalb des Querschnittes halbmondförmig weggenom-

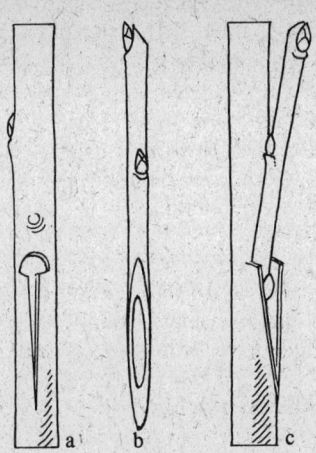

Abb. 33 Einspitzen hinter die Rinde
a Unterlage mit gelösten Rindenlappen und
halbmondförmigem Ausschnitt oberhalb des T-Schnittes;
b zugeschnittenes Reis;
c Unterlage und Reis zusammengefügt

men. Danach wird die Veredlung von oben nach unten fest verbunden, und offene Wundstellen werden anschließend mit Baumwachs verstrichen. Auf die gleiche Weise werden kurze Reiser mit Endknospen von *Aesculus* veredelt, wenn durch besonders dicke Rinde der Unterlage die Okulation erschwert ist.

Weiterbehandlung der fertigen Veredlungen

Okulation auf schlafendes Auge

Bei feuchtwarmem Wetter bildet sich sofort Wundgewebe, und schon bald ist die *Veredlung gewachsen*. Bereits nach 14 Tagen kann man sich vom Veredlungserfolg überzeugen. Bei gewachsenen Okulationen fällt der Blattstiel schon bei leichter Berührung ab. Bei nicht gewachsenen Veredlungen ist der Blattstiel am Rindenschild angetrocknet, das Auge ist eingeschrumpft.

Sobald bei zunehmendem Dickenwachstum der Verband am Knoten in die Unterlage einzuschneiden beginnt, das ist etwa nach 3 bis 4 Wochen der Fall, muß er gelöst werden. Die Gefahr des Einschneidens ist bei Weichfolie wesentlich geringer als bei Bast, da das Material sehr elastisch ist. Zum *Lösen* schneidet man *den Verband* auf der Rückseite mit flachem Schnitt durch, der nur flach in die Rinde gehen soll. Bei sehr starkwüchsigen Unterlagen, z. B. *Prunus mahaleb*, Pflaumenunterlagen und Pfirsichsämlingen, muß der Verband nach 10 bis 14 Tagen gelöst und nachgebunden werden, damit das Auge nicht erdrückt wird. *Gummiverband* verrottet und wird vom Auge durchstoßen, braucht also nicht gelöst zu werden.

Sollte sich herausstellen, daß eine Okulation nicht gewachsen ist, dann kann man bei zeitigem erstem Veredlungstermin nachveredeln.

In warmen, feuchten Sommern kommt es hin und wieder vor, daß *Augen vorzeitig austreiben.* Die aus ihnen hervorgehenden Triebe reifen jedoch selten aus, so daß es

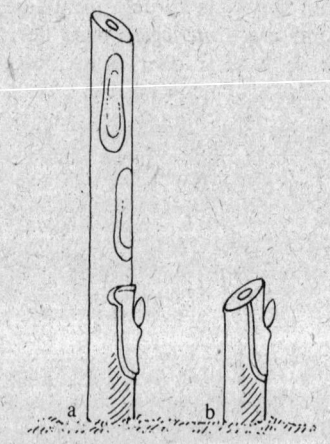

Abb. 34 Unterlagenkronen abgeworfen
a auf Zapfen geschnitten, Zapfen geblendet; b bis auf das Edelauge zurückgeschnitten
Zu beachten ist die richtige Schnittführung

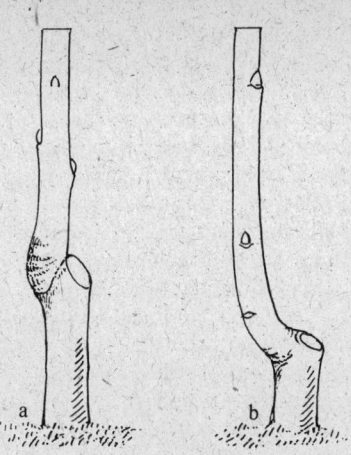

Abb. 35 Einjährige Okulation
a mit Zapfen erzogen; b zapfenlos erzogen, Schnittwunde
fast verheilt

zweckmäßig ist, sie spätestens Ende August bis auf die
Nebenaugen an der Basis zurückzuschneiden.
Ab Januar sind die *Unterlagenkronen* der gewachsenen
Okulationen mit Messer oder Baumschere *abzuwerfen*.
Gewöhnlich läßt man dabei einen 10 bis 15 cm langen
Zapfen stehen. Dieser dient oft dazu, den aus dem Edelauge hervorgehenden Trieb daran zu heften, um ihm eine
senkrechte Stellung zu geben und ihn vor dem Ausbrechen zu schützen. In diesem Fall werden die am Zapfen
befindlichen Wildaugen geblendet, d. h. tief ausgeschnit-
ten, damit der Saftstrom nur dem Edelauge zugute
kommt. Sobald der Austrieb des Edelauges eine Länge
von 10 bis 15 cm erreicht hat, wird er das erste Mal mit
Bast an den Zapfen geheftet, bei Bedarf später noch ein
zweites Mal. Zur Zeit des Austriebs, beim Heften und
auch späterhin ist es notwendig, *Wildaugen*, die an der *Unterlage* sichtbar werden, sauber mit dem Messer zu entfernen, zu räubern, damit sie das Wachstum des Edeltriebes
nicht beeinträchtigen.
Ab August, nachdem der Jungtrieb genügend erstarkt
und verholzt ist, wird der *Zapfen* mit der Hippe unmittel-

bar über der Ansatzstelle des Edeltriebes *beseitigt*. Der Schnitt soll schräg gegen den Trieb verlaufen, ohne daß dieser beschädigt wird. Verstrich mit Baumwachs oder Latex ist anzuraten, damit die Wunde schnell verheilt.

Heute werden in den Baumschulen eintriebig zu erziehende Okulate meist zapfenlos herangezogen. Man erspart so das Heften, z. T. das Räubern und den schwierigen Zapfenschnitt. Ausgangs des Winters wird die Unterlagenkrone bzw. der verbliebene Zapfen mit einer scharfen Baumschere mäßig schräg etwa 1 cm über dem Auge abgeworfen (Abb. 35). Die Schnittwunde ist anschließend mit Baumwachs zu bedecken. Der aus dem Auge hervorgehende Trieb erhält, da er nicht geheftet wird, an der Ansatzstelle eine schwache Krümmung, die jedoch nur ein Schönheitsfehler ist und den Wert des Baumes nicht mindert. Dafür verheilt die durch das Abwerfen der Unterlagenkrone entstandene Wunde sehr schnell, oft noch in der gleichen Vegetationsperiode. Okulate mastig oder schleudernd wachsender Apfel- oder Pflaumensorten sollten bei zapfenloser Anzucht allerdings gestäbt werden.

Buschrosen werden grundsätzlich zapfenlos erzogen. Okulationen in Kronenhöhe beläßt man stets einen Zapfen, desgl. Okulationen am Wurzelhals von *Pfirsichsämlingen* und *Quittenunterlagen*. Diese werden auch nicht geblendet; zumindest beläßt man oben ein Auge, da sonst der Zapfen zurücktrocknet und beim Zapfenschnitt Schwierigkeiten bereitet.

Bei *Stammrosen* wird die Unterlagenkrone bereits vor dem Winter bis auf einen 15 bis 20 cm langen Zapfen abgeworfen, damit die Stämme zum Schutz vor Winterfrost niedergelegt und behäufelt werden können. Dies erledigt man vor Eintritt des Frostes. Gegen Ende April, nachdem keine stärkeren Fröste mehr zu erwarten sind, werden sie wieder abgehäufelt und hochgerichtet. Danach werden die Edelaugen überprüft. Wo sie abgestorben sind, kann mittels Anplatten *nachveredelt* werden. Hierzu müssen geeignete, im Winter geschnittene gesunde Reiser zur Verfügung stehen. Grüne Augen, die nicht durchtreiben wollen, werden mit einem leichten, längs durch das Auge geführten Schnitt *zum Austreiben gereizt*. Damit die

Stämme gerade werden, sind sie zu stäben oder mit dem Zapfen an einem Spanndraht aufzuhängen.

Um bei Busch- und Hochstammrosen sowie bei *Prunus-triloba-* und *Prunus-cerasifera*-Formen eine kräftige Verzweigung zu erreichen, die zugleich bessere Verwachsung und Schutz gegen Windbruch ergibt, ist es zweckmäßig, die starken *Austriebe* zu *pinzieren.* Man kürzt, sobald diese gut fingerlang sind, auf 2 oder 3 Augen ein. Dadurch werden auch die Beiaugen am Grund der Knospen zum Austreiben angeregt. Schwache Triebe bleiben unpinziert. Die Kronen von Hochstammrosen werden sicherheitshalber noch mit einem Bastfaden, welcher um Triebe und Zapfen geschlungen wird, gegen Ausbrechen gesichert. Der Zapfen wird im Spätsommer mit der Schere entfernt.

Freilandveredlungen auf den Kopf der Unterlage

Bei rechtzeitiger und sachgemäßer Veredlung treiben die Augen des Veredlungsreises ohne große Verzögerung aus. Sobald die Triebe 10 bis 20 cm lang sind, ist es notwen-

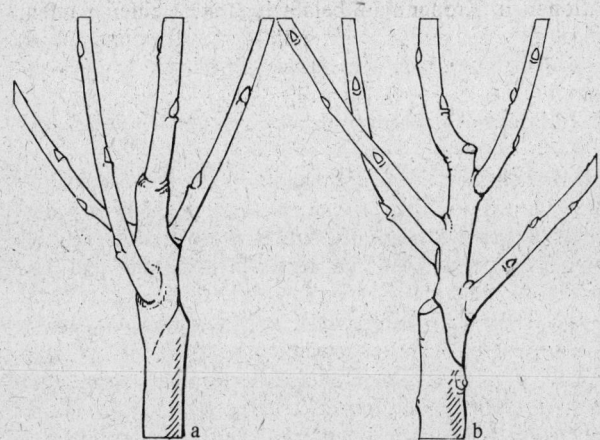

Abb. 36 Einjährige Holz-(Kronen-)veredlungen
a Kopulation mit vier Trieben; b Geißfußveredlung
mit 5 Trieben

dig, den mittlerweile einschneidenden *Verband* zu *lösen*. Dazu wird er flach auf der Unterlagenseite durchgeschnitten. Das Lösen erübrigt sich, wenn die Veredlungen geklammert wurden. Bei besonders schnell- und starkwachsenden Arten und Sorten, z. B. Pflaumen, sowie in Windlagen ist es angeraten, die *Veredlungen* zu *stäben*, um sie vor dem Ausbrechen zu schützen. Zu diesem Zweck wird ein etwa 40 cm langer Blumenstab mit zwei Bindungen an der Unterlage befestigt. Daran heftet man das Edelreis sowie seinen Leittrieb.

Während bei Veredlungen auf den Wurzelhals entstehende Unterlagentriebe wiederholt restlos zu entfernen sind, werden bei Veredlungen mit Stammteil die Seitentriebe ein- oder zweimal pinziert und als *Verstärkungsholz* stehengelassen. Es fördert das Dickenwachstum der Stämme sowie das Triebwachstum. Die Triebe in der Nähe der Veredlung werden anfangs auf 2 oder 3 Augen eingekürzt. Sobald die Veredlung aber angewachsen ist und kräftig treibt, bei etwa 20 bis 30 cm Trieblänge, werden die Unterlagentriebe bis auf 20 cm unterhalb des Pfropfkopfes auf Astring entfernt.

Da Bäume mit kräftig entwickelten einjährigen Kronen bereits pflanzfertig sind, können sie im August *aufgeputzt* werden, d. h., sämtliche Seitentriebe am Stamm, die als Verstärkungsholz dienten, werden entfernt.

Freilandveredlungen in die Seite der Unterlage

Hierbei handelt es sich überwiegend um *Ribes*-Veredlungen, die im Sommer bzw. im zeitigen Frühjahr durchgeführt werden. Sobald der Verband einzuschneiden beginnt, wird er auf der Rückseite der Veredlung gelöst.

Im Januar/Februar werden die *Unterlagenkronen* auf einen 15 bis 20 cm langen Zapfen *zurückgeschnitten* und dieser bis auf ein Zugauge an der Spitze *geblendet*. Bei völligem Blenden besteht die Gefahr, daß der Zapfen bis unterhalb der Veredlungsstelle zurücktrocknet. Die im Laufe des Sommers am Stamm entstehenden *Unterlagentriebe* sind mehrmals *einzukürzen*, aber erst ab Ende August ganz zu beseitigen.

Bei Stachelbeeren ist es zweckmäßig, die Edeltriebe, so-

Abb. 37 Fichtenveredlung
a *Picea pungens* 'Glauca Koster' auf *Picea abies*,
angetrieben; b nach gänzlichem Abwurf der Unterlage

bald sie etwa fingerlang geworden sind, auf 2 oder 3 Augen einzukürzen. Da sie sofort mit mehreren Augen wieder durchtreiben, erhält man auf diese Weise besonders reich verzweigte Kronen. Johannisbeeren vertragen eine solche Behandlung im allgemeinen nicht. Um zu verhüten, daß die Kronen ausbrechen, bindet man rechtzeitig einen Bastfaden um Triebe und Zapfen. Die Zapfen sind zugleich mit dem Aufputzen der Stämme abzuwerfen; dabei sind die Schnittwunden mit Baumwachs oder Latex zu verstreichen.

Kopfveredlungen von Stachel- und Johannisbeeren, die mitunter im Winter bzw. im zeitigen Frühjahr im Haus oder Freiland vorgenommen werden, behandelt man in der gleichen Weise wie vorstehend beschrieben.

Handveredlungen

Die Behandlung von Handveredlungen richtet sich nach der Pflanzenart und -größe. Veredlungen, die zum Auspflanzen im Freiland bestimmt sind, z. B. Obstarten und verwandte Zierformen, werden im Keller oder im tiefen Kasten kühl und frostfrei eingeschlagen und so bald wie möglich im Freiland ausgepflanzt. Die weitere Behandlung gleicht der von Freilandveredlungen auf den Kopf der Unterlage.

Das Umveredeln
von älteren Obstbäumen

Das Umpfropfen wird im praktischen Obstbau durchgeführt, wenn die Bäume infolge falscher Sorten- und Standortwahl oder ungenügender Befruchtungsmöglichkeiten nicht tragen oder in Menge und Güte des Ertrages nicht befriedigen. Die Nachteile sollen durch Aufveredeln standortgemäßer oder erwünschter Sorten bzw. geeigneter Befruchtersorten behoben werden. Überflüssig und zwecklos ist das Umpfropfen jedoch dort, wo der mangelnde Ertrag auf ungenügende Pflege oder Anpflanzung einer für den betreffenden Standort ungeeigneten Obstart zurückzuführen ist oder der Baum durch Krankheit schwer geschädigt ist oder schwere Verletzungen aufweist.

Die Umveredlung ist grundsätzlich bei allen Obstarten möglich, doch wird sie hauptsächlich bei Äpfeln, Birnen, auch Pflaumen, seltener bei Kirschen durchgeführt. Dabei ist auf genügende *Verträglichkeit* zwischen den Pfropfpartnern zu achten. Die aufzupfropfende Sorte soll gleiches oder stärkeres, niemals aber schwächeres Triebwachstum als die Gerüstsorte aufweisen. Ferner sollen spättreibende nie auf frühtreibende Sorten gesetzt werden.

Dem Umpfropfen geht das *Abwerfen der* gesamten *Krone* voraus. Es kommt in seiner Wirkung einer Verjüngung gleich. Der hierdurch bewirkte Triebanreiz macht auch die Umveredlung älterer Kronen möglich, sofern das Hauptertragsalter noch nicht überschritten ist. Es ist allerdings zu erwägen, wieweit der Erfolg, d. h. der zu erwartende Ertrag, die aufzuwendende Arbeit rechtfertigt. Andererseits ist bereits ein fertiges Astgerüst vorhanden, so daß sehr bald mit einem Ertrag zu rechnen ist.

Wie weit der Abwurf erfolgt, richtet sich nach dem Alter des Baumes bzw. nach der Stärke der Äste. Zu beachten ist, daß ein brauchbarer *Pfropfkopf* nicht mehr als armstark und nicht weiter als unbedingt erforderlich vom Astansatz entfernt sein soll. Das Pfropfgerüst einer älteren Krone wird also umfangreicher sein als das einer jüngeren. Um eine gleichmäßige und schnelle Entwicklung der gesamten Krone zu erreichen, wird man bei älteren Bäumen außer den Gerüstästen auch Nebenäste umpfropfen. Längere kahle Astpartien sind zu vermeiden.

Der *Abwurfwinkel* wird allgemein mit 110° bei Äpfeln und 90° bei Birnen angegeben. Angesichts des steilen Wuchses der meisten Birnensorten empfiehlt es sich, durch einen stumpfen Abwurfwinkel einen mehr breiten Wuchs zu erzwingen. Die spätere Bearbeitung wird dadurch wesentlich erleichtert. Der Abwurf erstreckt sich auf alle Äste. Dabei ist eine *Astrangordnung* einzuhalten. Solche Äste, die für die künftige Entwicklung der Krone nicht mehr brauchbar oder überflüssig sind, werden gänzlich entfernt.

Die Abwurfarbeiten sollen bis Mitte März abgeschlossen sein. Wird erst geraume Zeit nach dem Abwerfen umgepfropft, so schneidet man zwei Handbreit über der beabsichtigten Pfropfstelle, damit diese nicht eintrocknet oder vom Frost geschädigt wird.

Damit der Baum sofort nach dem Umpfropfen ausreichend assimilieren und die von dem unversehrten Wurzelkörper gelieferte Saftmenge aufnehmen und verarbeiten kann, ist es notwendig, ausreichend *Zugholz* stehenzulassen, denn die Edelreiser sind hierzu noch nicht in der Lage. Als Zugholz ist das schwache Bekleidungsholz der Gerüst- und Nebenäste zu verwenden, nach Möglichkeit jedoch kein stärkerer Ast.

Als *Veredlungsarten* kommen Geißfußveredlung, Anschäften und Sattelschäften in Frage, die während der Vegetationsruhe, etwa Februar bis März, durchgeführt werden, sowie Pfropfen hinter die Rinde und Tittelpfropfen, die durchgeführt werden, sobald die Rinde leicht vom Holz löst, etwa Ende April bis Ende Mai.

Unmittelbar vor dem Veredeln werden die *Pfropfköpfe* auf die erforderliche Länge geschnitten. Auf zwei Handbreit unterhalb der Pfropfstelle wird sämtliches Seitenholz auf Beiaugen entfernt. Der Pfropfkopf soll, soweit die Veredlungen reichen, eine glatte Rindenfläche aufweisen.

Jeder Pfropfkopf erhält so viele *Reiser*, wie für eine schnelle und vollständige Verheilung notwendig sind. Pfropfköpfe über 3 cm Durchmesser erhalten 2, solche mit mehr als Armstärke (6 bis 8 cm) 3 bis 4 Reiser, welche jeweils 3 bis 5 Augen lang geschnitten werden. Diese Reiser werden gleichmäßig auf den Pfropfkopf verteilt. Bei schräg stehenden Ästen ist zu vermeiden, daß ein Reis an der tiefsten Stelle des Kopfschnittes, der Regentraufe, zu stehen kommt.

Sobald alle Reiser eines Pfropfkopfes eingesetzt sind, wird sofort fest *verbunden* und mit Baumwachs *verstrichen*. Das Verstreichen erstreckt sich auf alle entstandenen Wunden, da Eintrocknen, Verschmutzen, Naßwerden von Wundstellen die Verwachsung in Frage stellt.

Damit sich keine großen Vögel auf die obersten Reiser setzen und sie abbrechen, ist es zweckmäßig, eine die Krone überragende *Holzkrücke* anzubringen oder über den oberen Pfropfköpfen je einen Weidenbügel zu befestigen.

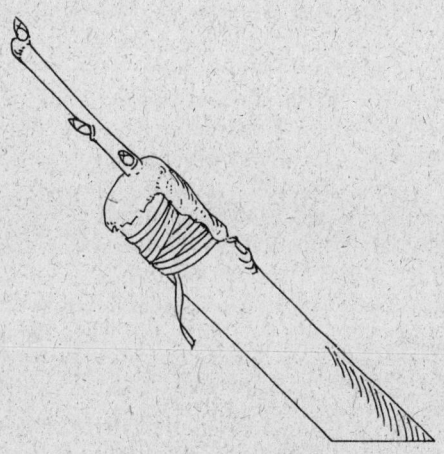

Abb. 38 Richtige Stellung des Pfropfreises bei schräger Anordnung des Pfropfkopfes

Die weitere Behandlung der Pfropfköpfe besteht darin, alle an der Unterlage entstehenden Triebe, nachdem die Veredlungen gewachsen sind und 20 bis 30 cm lange Triebe gebildet haben, auf 20 cm unterhalb der Veredlungsstelle bis auf Astring zu entfernen, damit die jungen Triebe der Pfropfreiser in ihrer Entwicklung nicht beeinträchtigt werden. *Veredlungsbänder* sind zu *lösen*, sobald sie beginnen, in die Pfropfreiser einzuschneiden. Bei sehr starker Entwicklung der Reiser ist mitunter ein neuer Verband erforderlich. In Windlagen und bei Sorten mit hängendem Wuchs ist es zweckmäßig, die Jungtriebe zu stäben, um ihnen die günstigste Richtung zu geben und sie vor dem Ausbrechen zu schützen.

Damit die Umveredlung erfolgreich ist, muß die Krone entsprechend nachbehandelt werden; sie ist planmäßig neu aufzubauen. Hierzu verwendet man die kräftigsten und am günstigsten stehenden Jungtriebe, je Pfropfkopf nur einen. Die Triebe der übrigen Pfropfreiser werden nicht entfernt, sondern durch starken Rückschnitt oder Herunterbinden den Haupttrieben untergeordnet. An den Haupttrieben wird nun ein regulärer *Erziehungsschnitt*

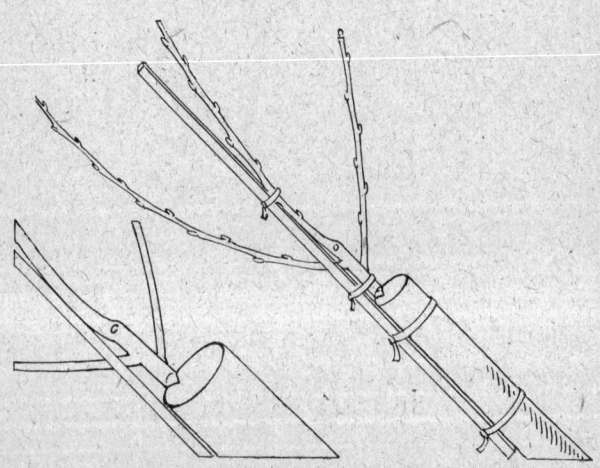

Abb. 39 Gegen Ausbrechen schützt das Stäben von Pfropfreis und Haupttrieb

durchgeführt, wie er an Jungbäumen üblich ist. In gleichem Maße, wie die junge Krone an Umfang zunimmt, werden bislang verbliebene Zugäste und alles übrige Bekleidungsholz der Gerüstsorte auf Astring entfernt. Sobald der Pfropfkopf verheilt ist, werden auch die überflüssigen Pfropfreiser und die aus ihnen hervorgegangenen Äste beseitigt. Nach 3 bis 4 Jahren ist der Neuaufbau der Krone meist vollendet.

Veredlungsmaßnahmen als Hilfsmaßnahmen im Obstbau

Überbrücken von Stamm- und Astwunden

Beschädigungen der Stämme durch Frost, Sonnenbrand, Wildverbiß oder Stoß und Schlag können bei Jungbäumen leicht zum Totalausfall führen, während bei älteren Bäumen die Wuchs- und Ertragsleistung sowie das Lebensalter mehr oder weniger stark beeinträchtigt werden. Zudem können die Wunden von tierischen und pilzlichen Schädigern befallen werden.

Neben der selbstverständlichen Wundpflege, wie das Glattschneiden der Wundränder und das Verstreichen der Wundflächen mit Baumwachs und Latexfarbe, bietet uns das Überbrücken eine Möglichkeit, die durch die Stammbeschädigung unterbrochenen Leitungsbahnen wiederherzustellen und die Wunde zu schließen. Dies ist vor allem bei breiten Wunden der Fall, die weit um den Stamm herumgreifen und die der Baum von allein nicht schließen kann. Eine solche Wunde wird durch das Einfügen eines oder mehrerer Reiser überbrückt.

Die günstigste Zeit hierfür sind die Monate April/Mai und Juli/August, wenn die Rinde gut vom Holz löst. Es kann vorgenommen werden mit Trieben von genügender Stärke, die sich nach Stammverletzungen häufig unterhalb der Wunde gebildet haben. Sie müssen an den Spitzen jedoch genügend ausgereift sein. Bei Stammverletzungen in Bodennähe können auch günstig stehende Wurzelschosse zum Überbrücken verwendet werden. In allen anderen Fällen müssen gut ausgereifte, mittelstarke Reiser (im Frühjahr noch nicht angetrieben) zur Verfügung stehen. Auf eine Wundenbreite von 2 bis 4 cm rechnet man ein Reis. Das Reis soll so lang sein, daß es die

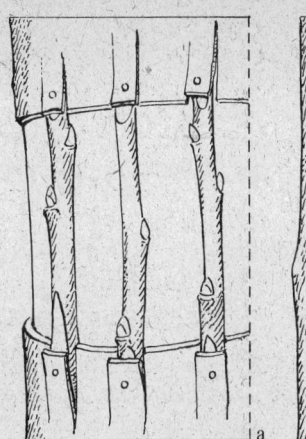

Abb. 40 Überbrücken
a Einsetzen von kräftigen Trieben in die geglätteten
Wundränder bei Apfel; b Stammwunde mit einem unterhalb
entstandenen Trieb überbrückt

Wunde oben und unten um 5 bis 10 cm überragt. Nachdem die Wunde von trockenen Rindenteilen, Holzsplittern und sonstigen Verunreinigungen gesäubert und der obere und untere Wundrand glattgeschnitten ist, werden die Überbrückungsreiser eingesetzt.

Das Reis erhält oben und unten, genau auf der gleichen Seite, einen möglichst langen Kopulierschnitt. Gegenüber dem Kopulierschnitt und in rechtem Winkel zu ihm wird die Rinde leicht angeschnitten. Sodann werden im oberen und unteren Wundrand je zwei parallele senkrechte Einschnitte mit dem Abstand einer Reisesbreite und der Länge des Kopulierschnittes angebracht und die so entstandenen Rindenzungen etwas gelöst. Hinter diese Rindenzungen wird das Reis mit den Schnittflächen gegen die Rinde, also umgekehrt wie beim Tittelpfropfen, geschoben. Damit es festsitzt, ist es in der Mitte jeder Schnittfläche mit je einem kleinen Nagel zu befestigen. Danach sind Wund- und Schnittflächen dicht mit Baumwachs zu verstreichen.

Die Verwachsung geht im Laufe des Sommers fast restlos

vor sich. Austriebe aus den Augen der Reiser werden ständig scharf eingekürzt, um sie nicht zu stark werden zu lassen. Im Spätsommer sind sie dann restlos zu entfernen, wenn die Überbrückung gelungen ist. Andernfalls kann diese mit einem jungen Trieb aus dem alten Reis erneut vorgenommen werden, sofern dieses am unteren Ende angewachsen ist.

Anlegen einer Fruchtbrücke

Mit völlig entgegengesetzter Zielsetzung, aber mit gleicher technischer Handhabung wie beim Überbrücken, wird die Fruchtbrücke angelegt. Mit dieser wird bezweckt, ältere Obstbäume, die bisher nicht oder nur ungenügend getragen haben, dauerhaft zum Ertrag anzuregen. Dies ist mitunter bei einigen besonders starkwüchsigen, wechselnd tragenden Kernobstsorten, wie 'Boskoop' und 'Gellert' auf Sämlingsunterlagen, notwendig. Bei Steinobst ist diese Maßnahme nicht erforderlich, da es von Natur aus genügend blühwillig ist.

Vorspann geben

Bäume mit schweren Wurzelschäden oder Schäden am Stammfuß, die durch Mäusefraß oder Wildverbiß usw. entstanden sind, und solche, die sich infolge falscher Unterlagenwahl zu schnell erschöpft haben, z. B. Apfelniederstämme auf M 9 auf leichtem Sandboden, können durch einen Vorspann gerettet bzw. wuchskräftig erhalten werden. Als Vorspann dienen eine oder auch zwei genügend starkwüchsige Unterlagenpflanzen, die dicht neben dem gefährdeten Baum eingepflanzt und nach dem Anwurzeln in den Stamm eingepfropft werden.

Im Jahr nach dem Pflanzen zieht man die Unterlagenpflanze eintriebig hoch und verbindet sie im darauffolgenden Frühjahr, sobald die Rinde löst, so tief wie möglich mit dem Stamm. Für junge, dünnrindige Bäume eignet sich das Einspitzen hinter die Rinde. Bei älteren, dickrindigen Bäumen setzt man die Unterlage nach Art

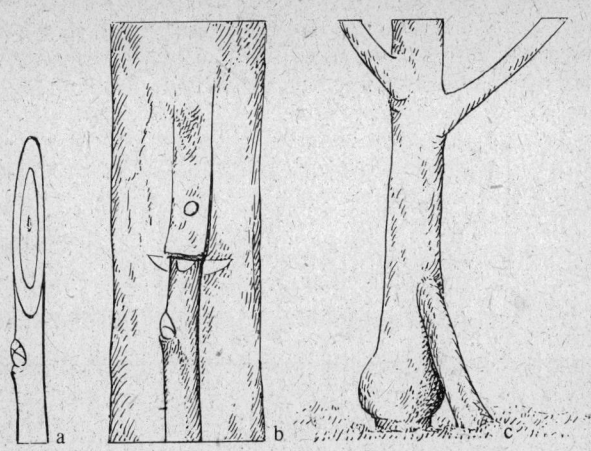

Abb. 41 Vorspann
a Der Vorspann wird in seinem oberen Teil mit einem
langen Kopulierschnitt versehen; b Vorspann hinter
die Rinde eines Standbaumes eingesetzt, die Rinde
unterhalb der Rindenzunge wurde halbmondförmig
weggenommen; c Standbaum mit eingewachsenem Vorspann

des Tittelpfropfens ein. Zu diesem Zweck werden, nachdem das Kopfende des Unterlagentriebes entsprechend
zugeschnitten wurde, in Höhe des Ansatzes zum Kopulierschnitt in den Stamm ein durch die Rinde gehender
Querschnitt angebracht und von hier aus zwei senkrechte
Einschnitte mit dem Abstand von der Breite des Unterlagentriebes nach oben geführt. Von unten wird durch einen schrägen Einschnitt gegen den Querschnitt ein halb-
mondförmiger Rindenspan weggenommen. Die entstandene Rindenzunge wird etwas gelöst. Hier hinter schiebt
man nun den Vorspann, Schnittfläche gegen die Rinde,
und befestigt ihn an der Pfropfstelle mit einem Drahtstift
durch Rindenzunge und Trieb. Daraufhin ist die Pfropfstelle mit Baumwachs gut zu verstreichen.
Die im Laufe des Sommers am Vorspann entstehenden
Austriebe läßt man anfangs stehen, damit sie am Verhei-
lungsprozeß teilnehmen, doch kürzt man sie wiederholt
ein. Im darauffolgenden Winter, nachdem der Vorspann

mit dem Baum zusammengewachsen ist, werden sie entfernt. Sollte die Einveredlung jedoch nicht gelungen sein, läßt man den kräftigsten Trieb stehen und wiederholt die

Anhang

Veredlungsliste Laubgehölze – Freilandveredlungen –

Gehölzart	Unterlage
Acer-negundo-Sorten	*A. negundo*
Acer-platanoides-Sorten	*A. platanoides*
Acer-pseudoplatanus-Sorten	*A. pseudoplatanus*
Acer-saccharinum-Sorten	*A. saccharinum*
Aesculus × carnea u. Sorten	*Ae. hippocastanum*
Aesculus-hippocastanum-Sorten	
Amelanchier-Arten	*Crataegus monogyna*
Aronia-Arten u. -Sorten	*Crataegus monogyna* *Sorbus aucuparia*
Betula-Arten u. -Sorten	*B. pendula* *B. pubescens*
Cornus-alba-Sorten	*Cornus alba*
Cotoneaster-Arten u. -Var.	*Sorbus aucuparia* *Crataegus monogyna* und *Crataegus*-Stammbildner
Fagus-sylvatica-Formen u. -Sorten	*F. sylvatica*
Laburnum-Arten u. -Sorten	*L. anagyroides*

Maßnahme. Auch in den Folgejahren sind Austriebe aus dem Vorspann laufend zu beseitigen, damit dieser sich nicht selbständig macht.

Veredlungs-			Bemerkungen
art	stelle	zeit	
Okulation	Wh, K	6	auf treibendes Auge
Okulation	K, Wh	7–8	
Okulation	K, Wh	7–8	
Okulation	Wh	7–8	
{ Kreuzschnitt-Okulation	Wh, K	7	
{ Kopulation, Geißfuß-veredlung	K	4	
Okulation	Wh	7–8	
} Okulation	Wh	7–8	
} Okulation	Wh, K	5–6	auf treibendes Auge
Okulation	Wh	7–8	
{ Okulation	K	7–8	{ zur Erziehung von
{ Kopulation, Geißfuß-veredlung	K	3–4	Kronenbäumen
Seitliches Einspitzen	K	5–6	2- bis 3jährige Reiser
Okulation	Wh	7–8	
Kopulation	K	3–4	zur Erziehung von Kronenbäumen

Gehölzart	Unterlage
Malus-Zierformen u. -Sorten	Apfelunterlagen Apfelstammbildner
Prunus avium 'Plena' Prunus-serrulata-Sorten Prunus subhirtella u. -Sorten	Süßkirschenunterlagen
Prunus-cerasifera-Sorten Prunus triloba	Pflaumenunterlagen Pflaumenstammbildner
Pyrus-Arten u. -Sorten	Birnenunterlagen und -stammbildner
Robinia-Arten u. -Sorten	R. pseudoacacia
Salix caprea mas	S. viminalis
Salix-Arten u. -Varietäten	S. viminalis S. daphnoides
Sorbus-aria-Sorten	S. aria
Sorbus indermedia u. a.	S. aucuparia

Veredlungs-art	stelle	zeit	Bemerkungen
Okulation	Wh	7–8	
Kopulation, Geißfuß-veredlung	Wh	2–3	Handveredlung, Auspflanzen im Freiland
Kopulation, Geißfuß-veredlung	K	3–4	
Okulation	Wh	7–8	
Kopulation, Geißfuß-veredlung	Wh	2–3	Handveredlung, Auspflanzen im Freiland
Kopulation, Geißfuß-veredlung	K	2–4	
Okulation	Wh, K	7–8	
Okulation	K	8	zur Erziehung von Kronenbäumen
Okulation	Wh,	7–8	
Kopulation, Geißfuß-veredlung	K, Wh	3–4	
Kopulation, Geißfuß-veredlung	K, Wh	2–4	als Stammbildner *R. p.* 'Bessoniana'
Kopulation, Geißfuß-veredlung	Steck-holz	2–3	Handveredlung, Auspflanzen im Freiland
Kopulation, Geißfuß-veredlung	K	3–4	zur Erziehung von Kronenbäumen
Rinden-veredlung	K	4–5	
Kopulation, Geißfuß-veredlung	Wh	7–8	
Okulation	K	3–4	

Veredlungsliste Laubgehölze – Freilandveredlungen – (Fortsetzung)

Gehölzart	Unterlage
Syringa-Arten u. -Sorten	*S. vulgaris*
Tilia × *euchlora*	*T. cordata*
Tilia americana	
Tilia × *vulgaris*	*T. platyphyllos*
Tilia tomentosa	
Ulmus-minor-Formen u. -Sorten	*U. minor*
Ulmus-glabra-Sorten	*U. glabra*
Ulmus × *hollandica*-Formen	

Wh = Wurzelhals   K = Kronenhöhe   G = Kronengerüst

Veredlungsliste Obst

Obstart	Unterlage
Apfel	M 9, Pi 80, MM 106, M 26, A 2, MM 111, Apfelsämling, Unterlagen
	Unterlagen, Stammbildner
	Gerüstsorte (Umveredlung)

Veredlungs-			Bemerkungen
art	stelle	zeit	
Okulation	Wh	7–8	Handveredlung, Aus-
Kopulation, Geißfuß- veredlung	Wh	2–3	pflanzen im Freiland
Kopulation, Geißfuß- veredlung	Wh	3–4	
Okulation	Wh	7–8	
Okulation	Wh	7–8	
Okulation	Wh	7–8	
Kopulation, Geißfuß- veredlung	K, Wh	3–4	2jähriges Holz
Rinden- veredlung	K	4–5	als Stammbildner *U. × hollandica*

2–8 = Februar – August

Veredlungs-			Bemerkungen
art	stelle	zeit	
Okulation	Wh	7 7–8 8	Handveredlung, im Freiland auspflanzen
Kopulation	Wh	2–3	
Kopulation, Geißfußvered- lung	K	2–3	
Geißfußvered- lung	G	2–3	
Rindenveredlung	G	4–5	

Obstart	Unterlage
Birne	Cydonia A
	Birnensämling Unterlagen, Stammbildner
	Gerüstsorte (Umveredlung)
Fruchtquitte	Cydonia A *Crataegus monogyna*
	Rotdorn-Stammbildner
Edeleberesche	*Sorbus-aucuparia*-Slg.
Süßkirsche	Vogelkirschsämling *(Prunus avium)*
	Steinweichselsämling *(Prunus mahaleb)*
	Gerüstsorte (Umveredlung)
Sauerkirsche	Steinweichselsämling *(Prunus mahaleb)* Vogelkirschsämling *(Prunus avium)*

Veredlungs-			Bemerkungen
art	stelle	zeit	
Okulation	Wh	7–8	z. T. mit Zwischenveredlung nötig
		8	
Kopulation, Geißfußveredlung	K	2–3	
Geißfußveredlung	G	2–3	
Rindenveredlung	G	4–5	
Okulation	Wh	7–8	
Okulation	K	7–8	
Kopulation, Geißfußveredlung	K	2–3	
Okulation	Wh	7–8	
Kopulation	K	2–3	
Kopulation, Geißfußveredlung	K	2–3	
Okulation	Wh	8	mit Zwischenveredlung 'Köröser', 'Schattenmorelle'
Geißfußveredlung	G	2–3	
Rindenveredlung	G	7–8	
Okulation	Wh	9	
		8	

Veredlungsliste Obst (Fortsetzung)

Obstart	Unterlage
Sauerkirsche	Steinweichselsämling *(Pr. mahaleb)* Vogelkirschsämling *(Pr. avium)* Gerüstsorte (Umveredlung)
Pflaume	Prunus Ackermann Pr. Schwammborn 103 Pr. Weiße Myrobalane Pfälzer Typ Pr. Myrobalana-Sämling Stammbildner Gerüstsorte (Umveredlung)
Pfirsich	Prunus Ackermann Pr. Brompton Pfirsichsämling Stammbildner Gerüstsorte (Umveredlung)
Aprikose	Aprikosensämling 'Hinduka' Stammbildner Gerüstsorte (Umveredlung)
Walnuß	Walnußsämling
Weinrebe	Rebunterlagen

Veredlungs- art	stelle	zeit	Bemerkungen
Kopulation	Wh	2–3	Handveredlung
Kopulation, Geißfußveredlung	K	2–3	
Geißfußveredlung	G	2–3	
Okulation	Wh	7 / 6 / 8 / 8–9	
Kopulation, Geißfußveredlung	K	2–3	
Geißfußveredlung	G	2–3	
Okulation	Wh / Wh / K / G	7–8 / 8 / 8 / 8	1 Jahr zuvor verjüngen
Okulation	Wh / K / G	8 / 7–8 / 7–8	1 Jahr zuvor verjüngen
Kopulation, Geißfußveredlung, Rindenpfropfen mit Sattelschnitt	Wh	2–3	Hausveredlung bei 25 bis 30°C
Kopulation mit Gegenzungen (engl. Kop.)	Wh	3–4	Hausveredlung bei 25 bis 30°C

Veredlungsliste Obst (Fortsetzung)

Obstart	Unterlage
Johannis- und Stachelbeeren	*Ribes aureum* Typ 'Kora'

Wh = Wurzelhals   K = Kronenhöhe   G = Kronengerüst

Literaturverzeichnis

BRINGEZU, A. u. a.: Grundlagen der Gehölzproduktion. VEB Deutscher Landwirtschaftsverlag, Berlin 1982

BRUMM, F.: Der Baumschulbetrieb. Verlag Eugen Ulmer, Stuttgart, z. Z. Ludwigsburg, 1949

EISELT, M. G.: Die Vermehrung der Laubgehölze. 2. Auflage. Deutscher Bauernverlag, Berlin 1957

EISELT, M. G.: Die Vermehrung der Nadelhölzer. 2. Auflage. Deutscher Bauernverlag, Berlin 1957

FEY, W., H. WINKELMANN: Die neuzeitliche Obstbaumschule. Verlag Eugen Ulmer, Stuttgart 1941

GARNER, R. J.: The Grafter's Handbook (Das Veredlungsbuch). London 1958

GAUCHER, N.: Die Veredlungen. 2. Auflage, Verlag Julius Hoffmann, Stuttgart 1891

GAUCHER, N., D. KACHE: Die Veredlungen, 4. Auflage. Verlag Paul Parey, Berlin 1923

GLEISBERG, W.: Anatomische Vorgänge und krankhafte Erscheinungen an Veredlungen. »Der Obst- und Gemüsebau«, 1929, H. 5

GÖPPERT, H. R.: Über innere Vorgänge bei dem Veredeln. Cassel 1874

HAENCHEN, F.: Die Anzucht der Rose. 4. Auflage. Deutscher Bauernverlag, Berlin 1958

HAENCHEN, E. und F.: Das neue Rosenbuch. VEB Deutscher Landwirtschaftsverlag, Berlin 1972

| Veredlungs- | | | Bemerkungen |
art	stelle	zeit	
Anplatten, Ein- spitzen hinter die Rinde	K	7–8	
Kopulation, Anplatten	K	2 2 1–2	Hausveredlung Handveredlung

1–9 = Januar – September

HILKENBÄUMER, F., G. FRIEDRICH: Der Obstbau. 2. Auflage. Verlag Paul Parey, Berlin 1948

ILJINSKIJ, A.: Die Errungenschaften des Obstbaues im Nordwesten der Ukraine. »Obstbau«, Heft 10, 1967

KACHE, P.: Die Praxis des Baumschulbetriebes. 2. Auflage. Verlag Paul Parey, Berlin 1938

KEMMER, E.: Die Unterlage als Standortfaktor. »Land, Wald und Garten«, 1947, Nr. 11

MÄGDEFRAU, K.: Bau und Leben unserer Obstbäume. Verlag Herder, Freiburg 1949

RUPPRECHT, H.: Wundheilung und Verwachsungsvorgänge bei Winterveredlungen von Edelrosen. »Archiv für Gartenbau«, Heft 5/6, 1954

SCHMADLACK, J.: Betrachtungen zur Entwicklung von neuen Veredlungsverfahren in der Obstbaumschule. »Der Deutsche Gartenbau«, Heft 1, 1956

SCHMADLACK, J. und S.: Das Anwenden von Plastfolie als neues Bindematerial bei der Rosenhochstamm-Anzucht. »Obstbau«, Heft 12, 1964

SCHMADLACK, J.: Die Klammerveredlung – ein Beitrag zur Rationalisierung der Reisveredlung. »Obstbau«, Heft 1, 1964

SCHMADLACK, J.: Grundlegendes zur Mechanisierung der Veredlung von Obstgehölzen. »Obstbau«, Heft 8, 1967

SCHRÖCK, O., F. W. KOOTZ und K. HOFFMANN: Forstliche Samenplantagen. Neumann Verlag, Radebeul und Berlin 1949

SCHULZ, F.: Die Wandlung der Baumleistung durch operative Maßnahmen, insbesondere die Fruchtbrücke. Festschrift zur 50. Wiederkehr der Verlegung der Höheren Gärtnerlehranstalt von Wildpark nach Dahlem

Sorauer, P.: Handbuch der Pflanzenkrankheiten. 4. Auflage. Berlin 1921

Stritzke S., M. Bräunig, R. Schuricht: Die Walnußveredlung im Gewächshaus. Deutscher Bauernverlag, Berlin 1953

Tittel, B.: Tittelpfropfung. 3. Auflage. Verlag FOG, Dresden 1918

Trenkle, R.: Obstbaulehrbuch. 3. Auflage. Limes-Verlag, Wiesbaden 1950

Vanicek, K.-H.: Obstbau im Garten. 7. Auflage. VEB Deutscher Landwirtschaftsverlag, Berlin 1967

Vanicek, K.-H.: Kern- und Steinobst im Garten. VEB Deutscher Landwirtschaftsverlag, Berlin 1983

Völkel, H.: Ein Beitrag zur Steigerung der Arbeitsproduktivität in Baumschulen, dargestellt am Verfahrensvergleich der Reiserveredlung. »Obstbau«, Heft 7, 1968

Wugk, O.: Wirtschaftliche Veredlungsmethoden bei Blaufichten. »Der Deutsche Gartenbau«, Heft 12, 1967